초등 문해력을 키워주는
고전 독해와 글쓰기 2

초등 문해력을 키워주는
고전 독해와 글쓰기 ❷

초등학생이 꼭 읽어야 할 초등 고전 25편

글 정형권·김정원
그림 김민

성림주니어북

"공부의 든든한 주춧돌, 독해력"

혼자 힘으로 공부하려면 어떻게 해야 할까요? 교과서와 자습서를 읽는 게 힘들다면 학년이 올라갈수록 공부가 힘들어집니다. 따라서 자기주도학습을 하기 위해서는 먼저 독해력을 향상해야 합니다. 초등 시기에 독해력을 탄탄하게 다져 놓으면 중·고등 시기에 어려운 공부를 잘 헤쳐 나갈 수 있습니다. 단단하게 다져진 독해력은 모든 과목을 공부하는데 튼튼한 주춧돌이 되어줄 것입니다.

"WHY? 매일 독해"

이 책은 고전 명작에서 뽑은 중요 장면들을 각각 하나의 지문으로 구성했습니다. 길지 않은 지문으로 읽는 데 부담이 없고, 적당한 문제를 제시하여 읽기에 집중할 수 있습니다. 매일 한 장씩 풀어나간다면 시나브로 독해력이 향상하는 것을 확인하게 됩니다. 또 읽은 지문과 연계한 글쓰기를 통해 표현 능력을 향상하도록 구성하였습니다. 잘 읽는 것을 넘어 자기 경험과 생각을 글로 쓰는 힘을 기르게 됩니다.

『초등 문해력을 키워주는 고전 독해와 글쓰기』는 왜 자기주도학습에 도움이 될까요?

① 공부의 재미를 알아가는 책
아이들의 흥미와 재미, 교훈을 고려한 적절한 지문 구성으로 지루하지 않게 공부할 수 있습니다.

② 규칙적인 공부 습관을 길러주는 책
매일 짧은 시간, 적절한 양의 지문을 읽고 문제를 풀면서 성취감을 느끼고 규칙적으로 공부할 수 있게 됩니다.

③ 표현력을 키워주는 책
다양한 고전 명작을 읽으면서 문해력이 향상되고 연계된 글쓰기 연습을 통해 표현력이 향상됩니다.

『초등 문해력을 키워주는 고전 독해와 글쓰기』 수록 도서 목록 및 글쓰기 주제

초등학생이 꼭 알아야 할 작품 50편을 선정하여 2권으로 구성하였습니다. 초등 시기에 읽어야 할 고전 명작을 접하고 읽기 능력을 키울 뿐만 아니라 배경지식과 상식을 쌓을 수 있습니다.

	1권		2권
1	키다리 아저씨	1	크리스마스 캐럴
2	톰 소여의 모험	2	아라비안나이트
3	사랑의 학교	3	작은 아씨들
4	행복한 왕자	4	80일간의 세계 일주
5	베니스의 상인	5	올리버 트위스트
글쓰기1	편지글 쓰기	글쓰기1	기사문 쓰기
6	이상한 나라의 앨리스	6	호두까기 인형
7	정글 북	7	메리 포핀스
8	걸리버 여행기	8	돈키호테
9	안네의 일기	9	지킬 박사와 하이드 씨
10	레 미제라블	10	파랑새
글쓰기2	일기 쓰기	글쓰기2	극본 쓰기

11	비밀의 화원	11	눈의 여왕
12	사람은 무엇으로 사는가	12	로빈 후드
13	시튼 동물기	13	하이디
14	어린 왕자	14	빨간 머리 앤
15	프랑켄슈타인	15	파브르 곤충기
글쓰기3	**묘사하는 글 쓰기**	글쓰기3	**전기문(자서전) 쓰기**
16	타임머신	16	그리스·로마 신화
17	블랙 뷰티	17	로미오와 줄리엣
18	하늘을 나는 교실	18	노인과 바다
19	동물 농장	19	해저 2만 리
20	오즈의 마법사	20	로빈슨 크루소
글쓰기4	**소개하는 글 쓰기**	글쓰기4	**서사(시간의 흐름에 따라)글 쓰기**
21	나의 라임오렌지 나무	21	폭풍의 언덕
22	15소년 표류기	22	꿀벌 마야의 모험
23	홍당무	23	모비 딕
24	피노키오	24	피터 팬
25	보물섬	25	셜록 홈스의 모험
글쓰기5	**독서감상문 쓰기**	글쓰기5	**조사보고문 쓰기**

차례

1주 Week1

01 『크리스마스 캐럴』 유령이 보여준 스크루지의 과거	12
02 『아라비안나이트』 훌륭한 의사 도우반	16
03 『작은 아씨들』 이웃집 로리	20
04 『80일간의 세계 일주』 2만 파운드를 건 내기	24
05 『올리버 트위스트』 함정에 빠진 올리버	28

고전 속으로   32
글쓰기 연습1 : 기사문 쓰기   36

2주 Week2

06 『호두까기 인형』 생쥐 왕의 왕관	40
07 『메리 포핀스』 위그 씨의 초대	44
08 『돈키호테』 기사 임명식	48
09 『지킬 박사와 하이드 씨』 래니언의 편지	52
10 『파랑새』 행복을 만난 틸틸	56

고전 속으로   60
글쓰기 연습2 : 극본 쓰기   64

3주 Week3

11 『눈의 여왕』 깨진 거울 조각	68
12 『로빈 후드』 할머니 옷을 입은 로빈 후드	72
13 『하이디』 페터네 할머니를 만났어요	76

| 14 | 『빨간 머리 앤』 | 초록 머리 앤 | 80 |
| 15 | 『파브르 곤충기』 | 노예사냥꾼 붉은병정개미 | 84 |

고전 속으로   88
글쓰기 연습3 : 전기문(자서전) 쓰기   92

4주 Week4

16	『그리스·로마 신화』	헤라클레스의 열두 가지 과업	96
17	『로미오와 줄리엣』	위험한 선택	100
18	『노인과 바다』	난 진 게 아니야	104
19	『해저 2만 리』	네모 선장과 노틸러스호	108
20	『로빈슨 크루소』	금요일에 만난 사람	112

고전 속으로   116
글쓰기 연습4 : 서사(시간의 흐름에 따라) 글 쓰기   120

5주 Week5

21	『폭풍의 언덕』	아버지가 구해 온 아이	124
22	『꿀벌 마야의 모험』	쇠똥구리 쿠르트	128
23	『모비 딕』	추격 둘째 날	132
24	『피터 팬』	모험의 나라 네버랜드	136
25	『셜록 홈스의 모험』	잃어버린 왕관 조각	140

고전 속으로   144
글쓰기 연습5 : 조사보고문 쓰기   148

정답 및 해설   150

Week 1

크리스마스 캐럴
아라비안나이트
작은 아씨들
80일간의 세계 일주
올리버 트위스트

01 크리스마스 캐럴
유령이 보여준 스크루지의 과거

새벽 한 시가 되자 스크루지 얼굴 앞쪽 침대 커튼이 홱 젖혀졌다. 눈부시게 새하얀 옷을 입은 유령이 나타났다.

"저를 찾아온 유령님이십니까?"

"그렇다!"

"무슨 일을 하는 유령님이신가요?"

"난 '과거의 크리스마스' 유령이다. 너의 과거를 보여주려고 왔다."

스크루지는 용기를 내서 유령에게 왜 자신을 찾아왔느냐고 물었다.

유령이 대답했다.

"너의 행복을 위해서다. 아니, 마음이 차가운 너를 교화하기 위해서라고 해두자. 따라 와."

유령은 스크루지를 어느 시골로 데려갔다. 그곳은 스크루지가 어렸을 때 살던 곳이었다. 유령은 그를 학교로 데리고 갔다. 모두가 집으로 돌아가고 없는데, 외로워 보이는 한 소년이 불이 꺼져가는 난롯가에서 책을 읽고 있었다. 스크루지는 잊고 있던 가여운 자신의 옛 모습을 보며 눈물 흘렸다. 스크루지는 따돌림당하던 어린 시절 읽었던 많은 책의 주인공들과 그 책에서 얻은 교훈들까지 또렷이 떠올랐다. 스크루지는 눈물을 닦은 뒤, 주머니에 손을 넣고 주변을 두리번거리며 중얼거렸다.

"왜 그랬을까……. 하지만 이제 너무 늦었어."

유령이 무슨 말이냐고 묻자, 스크루지는 어젯밤 사무실 앞에서 자신을 위해 크리스마스 캐럴을 부르던 꼬마를 쫓아낸 걸 후회한다고 말했다.

유령은 의미심장하게 웃고는 손을 흔들며 말했다.

"자, 다른 크리스마스를 보러 가지!"

이번에는 청년 스크루지가 젊고 아리따운 아가씨와 함께 있었다. 아가씨는 젊은 스크루지를 향해 조용히 말했다.

"당신은 변했어요. 우리는 결혼하지 않는 게 좋겠어요. 지금 당신은 약혼할 때와 완전히 다른 사람이에요. 돈만 중요하게 생각하지요. 저는 이토록 가난한데, 우리가 결혼하면 몹시 불행할 거예요. 저를 잊어 주세요."

아가씨는 스크루지를 떠났고, 둘은 헤어졌다.

스크루지가 말했다.

"유령님, 더는 보여주지 마세요! 저를 왜 이렇게 괴롭히십니까?"

유령이 말했다.

"이건 과거의 환영이다. 일어났던 일을 그대로 보여주는 것뿐이니 나를 원망하지 마라!"

작품정보

『크리스마스 캐럴』 (1843년), 찰스 디킨스 지음

구두쇠 스크루지가 크리스마스 유령들을 통해 자신의 과거, 현재, 미래를 본 뒤 새로운 사람이 되는 이야기입니다. 이 부분은 첫 번째 유령이 과거를 보여주자, 스크루지가 자신의 잘못을 후회하며 괴로워하는 장면입니다.

1. 다음 중 낱말의 사용이 잘못된 문장을 고르세요.

① 사회복지사가 불량청소년의 **교화**를 위해 애쓰고 있다.

② 가는 날이 장날이라는 **교훈**이 있다.

③ 선생님 말씀은 생각할수록 **의미심장**하다.

④ 몸이 허약해진 그는 **환영**에 시달린다고 한다.

2. '과거의 크리스마스' 유령이 스크루지를 찾아온 까닭이 아닌 것을 고르세요.

① 스크루지에게 복수하기 위해서

② 스크루지의 과거를 보여주기 위해서

③ 스크루지가 과거의 잘못을 뉘우치게 하기 위해서

④ 스크루지를 교화하기 위해서

3. 스크루지가 자신의 어린 시절 학교에서 본 것을 떠올리며 맞는 것을 골라 ○표 하세요.

따돌림을 당해 (외로웠던 / 난폭했던) 어린 시절의 스크루지는 학교에서 혼자 남아 (청소를 했다 / 책을 읽었다). 그때 읽었던 책 속의 다양한 주인공들과 (교훈 / 단어)들을 떠올린 현재의 스크루지는 어젯밤 캐럴 부르는 소년을 내쫓은 일을 후회했다.

4. 젊은 시절 스크루지가 약혼했던 아가씨와 헤어진 까닭을 고르세요.

① 스크루지가 너무 가난해서
② 아가씨 부모님이 반대해서
③ 아가씨가 먼 곳으로 떠나게 되어서
④ 스크루지가 돈만 좋아하는 사람으로 변해서

5. 밑줄 친 곳에 알맞은 말을 넣어 이야기 내용을 간추려 보세요.

_____ 마음을 가진 스크루지 앞에 '_____' 유령이 나타난다. 유령과 함께 자신의 어린 시절과 젊은 시절을 보고 온 스크루지는 ____에서 즐거움과 _____을 얻고 ____보다는 사랑을 소중하게 생각했던 때가 있음을 기억해낸다.

02 아라비안나이트
훌륭한 의사 도우반

옛날 페르시아 왕국에 깊은 병에 걸린 왕이 있었다. 어떤 의사도 그 병을 고치지 못했다. 그러던 어느 날, 도우반이라는 의사가 찾아왔다. 그는 의사이면서 훌륭한 학자였다.

"전하께서 편찮으시다는 소문을 듣고 왔습니다. 저한테 맡겨 주시면 반드시 낫게 해드리겠습니다."

"잘 부탁하네. 내 병을 낫게 해 주면 높은 벼슬을 내리겠네."

도우반은 숙소로 돌아와 방망이를 만들었다. 다음 날 도우반은 그 방망이와 공을 가지고 왕에게 갔다.

"전하, 이 방망이로 공을 치십시오. 그 손잡이 속에 약이 들어 있어 공을 치는 동안 약 가루가 점점 온몸에 퍼질 것입니다. 몸에 땀이 나기 시작하면 효과가 나타납니다. 그때 공치기를 멈추시고 목욕하십시오. 그대로 편안히 주무시면 내일 아침이면 병이 다 나아 있을 것입니다."

도우반의 말대로 공치기를 한 왕은 땀이 나자 목욕을 하고, 피곤을 느껴 곧 잠이 들었다.

다음 날 아침 눈을 뜬 왕은 병이 말끔히 낫고 몸이 가벼워진 것을 느꼈다. 왕은 잔치를 열고 도우반을 거듭 칭찬하며 날마다 후하게 대접했다. 그러자 궁궐 안에는 도우반을 시기하는 신하들이 생기기 시작했다.

'이러다가는 도우반의 벼슬이 점점 높아져서 우리가 쫓겨나게 생겼는

걸. 가만히 있어선 안 되겠어.'

도우반을 시기하는 신하들은 무리를 지어 왕을 찾아갔다.

"전하, 도우반은 매우 거만해졌습니다. 앞으로 어떤 음모를 꾸밀지 모릅니다."

그들은 왕에게 도우반을 모함하는 말을 했다. 왕은 처음에는 도우반이 겸손하고 훌륭한 학자라며 신하들의 말을 믿지 않았다. 그러나 신하들이 방망이 속에 넣었던 약이 놀라운 힘을 가졌던 것처럼 왕을 죽일 독약도 만들어 낼 것이라고 꾸며대자 불안해졌다.

"뭐, 독약이라고?"

"네, 그렇습니다. 도우반은 약아빠진 여우 같은 자입니다."

의심이 깊어진 왕은 결국 도우반의 목을 베기로 했다. 영문도 모르고 왕 앞에 끌려 나온 도우반은 결백을 주장했지만 소용없었다. 도우반은 왕의 병을 고쳐주지 말 걸 그랬다고 후회했지만 이미 되돌릴 수 없는 일이었다. 도우반은 마지막 소원이라며 왕에게 한 가지 부탁을 했다. 자신의 숙소에서 책을 한 권 가져올 테니 자기 목이 떨어진 뒤 그 책을 읽어달라는 것이었다. 왕은 그 소원을 들어주기로 하고 사형을 하루 미뤘다. 다음 날 도우반의 목을 벤 뒤 도우반이 가져온 책을 읽으려 했으나 책장이 잘 넘겨지지 않았다. 손가락에 침을 발라 책장을 넘기던 왕은 갑자기 벌벌 떨더니 쓰러져 죽고 말았다. 도우반이 책장에 독을 발라 가져 왔기 때문이다.

작품정보

『아라비안나이트』 작자, 연대 미상

이야기를 좋아하는 잔인한 왕과 결혼한 세에라자드가 살아남기 위해 1,001일 동안 밤마다 왕에게 들려주는 이야기입니다. 이 부분은 왕의 목숨을 구한 의사가 누명을 쓰고 죽게 되자 왕에게 복수하는 장면입니다.

1. 다음 중 '시기'와 비슷한 말이 아닌 것을 고르세요.

① 시세   ② 질투   ③ 샘   ④ 시샘

2. 도우반은 어떤 사람인가요? 빈칸에 알맞은 낱말을 넣어 보세요.

도우반은 □□이면서 훌륭한 □□였다. 그는 하루 만에 □의 병을 깨끗이 낫게 했다.

3. 사건이 일어난 순서대로 ( )안에 번호를 쓰세요.

① 도우반이 사형당했다. (   )

② 책장을 넘기던 왕이 죽었다. (   )

③ 신하들이 도우반을 모함했다. (   )

④ 도우반이 왕의 병을 낫게 했다. (   )

4. 이 글을 읽고 생각한 것을 말한 친구 중에 틀린 사람을 고르세요.

① 지윤: 도우반은 능력 있는 의사였네.

② 윤기: 신하들의 시기심이 도우반을 죽게 했어.

③ 기현: 왕은 은혜를 원수로 갚은 거잖아.

④ 현우: 도우반은 처음부터 왕을 죽이려 했던 거네.

5. 밑줄 친 곳에 알맞은 말을 넣어 이야기 내용을 간추려 보세요.

왕이 자신의 깊은 병을 낫게 해준 _____을 후하게 대접하자 _____이 도우반을 모함한다. 신하들의 말에 속은 왕은 도우반을 _____에 처한다. 도우반이 죽기 전에 _____에 발라 둔 독으로 왕마저 죽고 만다.

03 작은 아씨들
이웃집 로리

눈이 펑펑 내리는 날, 조는 밖으로 나왔다. 그리고 빗자루로 눈을 쓸어 내 로렌스 씨 집으로 가는 길을 만들었다. 로렌스 씨 집은 멋진 석조 건물이었고 커튼 사이로 보이는 집 안의 가구들도 고급스러웠다. 그런데 드나드는 사람이 별로 없어 그런지 활기가 없어 보였다. 조는 며칠 전 에이미와 베스가 눈싸움하는 걸 2층 창가에서 부러운 눈길로 내려다보는 로리를 발견했다. 그날 조는 로리와 친해질 계획을 세웠고, 오늘 그것을 실천에 옮기려는 것이다.

눈을 다 쓸고 고개를 들어 바라보니 2층 창가에 로리가 나타났다. 조는 눈을 뭉쳐서 로리 방 창문을 향해 던졌다. 우울해 보이던 로리가 활짝 웃으며 창문을 열었다.

"안녕! 어디 아프니?"

"독감에 걸렸었는데 거의 나았어."

"친구들이 문병은 왔니? 내가 가서 책 읽어줄까?"

조가 장난스럽게 말하면서 웃었다.

"너, 정말 우리 집에 와 줄래?"

로리가 소리쳤다.

"응, 엄마에게 여쭤보고 올 테니 창문 닫고 기다려."

잠시 후 조는 메그 언니가 전해 달라고 한 맛있는 젤리를 선물로 들고 로렌스 씨 댁 초인종을 눌렀다. 반갑게 맞아 주는 로리를 따라 2층으로 올라간 조는 로리에게 물었다.

"책 읽어줄까?"

"아니, 우리 그냥 얘기하자, 너희 가족 얘기. 수줍음을 잘 타는 귀여운 아이가 베스지? 곱슬머리가 막내 에이미고……."

"그걸 어떻게 알았니?"

조가 깜짝 놀라자, 로리는 얼굴을 붉히며 고백했다. 조네 자매들이 서로 이름 부르는 소리를 자주 듣는다는 것이다. 자신은 엄마가 없어서, 밤에 어머니와 네 자매가 함께 난롯가에 앉아 있는 모습이 정말 정다워 보인다고 했다. 조는 쓸쓸한 표정을 짓고 있던 로리에게 말했다.

"우리 집에 놀러 와. 식구들이 모두 환영할 거야. 너희 할아버지께서 허락하실까?"

"너의 어머니께서 부탁하시면 허락하실 거야. 할아버지는 무뚝뚝하시지만 좋은 분이셔."

두 사람은 한참 동안 책 이야기를 했다. 조는 로리가 자기만큼 책을 좋아하고, 자기보다 더 많은 책을 읽었다는 걸 알고 기뻤다. 로리는 책을 무척 좋아하는 조에게 할아버지의 서재를 구경시켜 주었다. 엄청나게 많은 책과 그림과 조각 등 고풍스러운 장식품이 가득한 로렌스 할아버지의 서재는 아주 멋졌다.

작품정보

『작은 아씨들』 (1868년), 루이자 메이 올컷 지음

미국 남북전쟁을 배경으로 개성이 다른 네 자매의 성장과 가족생활을 그린 이야기입니다. 이 부분은 책을 좋아하는 소녀 조가 이웃집 소년 로리를 찾아가 친구가 되는 장면입니다.

1. 다음 중 '고풍스럽다'를 잘못 쓴 문장을 찾아보세요.

① 할머니의 옷장은 낡긴 했지만 고풍스럽다.

② 유럽의 도시에는 고풍스러운 건물들이 많다.

③ 복순이는 고풍스럽게 독감에 걸렸다.

④ 골동품점은 고풍스러운 물건들을 파는 가게다.

2. 조가 로렌스 씨 집을 찾아간 까닭입니다. 알맞은 말에 ○표 하세요.

로렌스 씨 집은 부자 같았지만, 집 안에 (활기 / 윤기)가 없어 보였고, 며칠 전에는 그 집에 살고 있는 로리가 에이미와 베스가 (말다툼 / 눈싸움) 하는 것을 부러운 듯 바라보았다.

3. 글 속에 등장하는 조의 가족과 로리의 가족은 누구누구인지 써 보세요.

① 조의 가족: 어머니, ☐☐, 조, ☐☐, ☐☐☐

② 로리의 가족: ☐☐☐씨(할아버지), 로리

4. 각각의 행동으로 알 수 있는 인물들의 성격을 줄로 이어 보세요.

① 조는 로리와 친해지려고 로리의 집을 찾아갔다. · · ㉠ 인정이 많다

② 메그는 로리에게 선물하라고 젤리를 주었다. · · ㉡ 순진하다

③ 로리는 부끄러운 일을 말할 때 얼굴을 붉힌다. · · ㉢ 적극적이다

④ 조와 로리는 이웃집에 방문할 때 어른의 허락을 받는다. · · ㉣ 예의바르다

5. 밑줄 친 곳에 알맞은 말을 넣어 이야기 내용을 간추려 보세요.

_____는 이웃집 소년 로리와 친해지고 싶어 _____씨 집을 방문한다. 로리가 평소 조의 어머니와 _____들의 모습이 정다워 보였다고 하자 조는 로리를 자기 집에 초대한다. 로리는 자신처럼 _____을 좋아하는 조에게 할아버지의 _____를 보여준다.

04 80일간의 세계 일주
2만 파운드를 건네기

필리어스 포그는 매사에 정확한 사람이었다. 그는 정확히 11시 30분에 집을 나서 리폼 클럽에 도착했다. 곧장 식당으로 향해 점심을 먹고 넓은 방으로 가 신문을 읽기 시작했다. 다시 식당으로 가서 저녁을 먹은 후 그 넓은 방으로 되돌아와 저녁 신문을 읽었다.

30분 후, 리폼 클럽의 회원들이 석탄이 활활 타고 있는 난로 주위로 모였다. 그들은 포그의 카드놀이 친구들로 부자들만 모인 리폼 클럽에서도 잘나가는 회원들이었다.

"랄프, 자네 은행의 도난 사건은 어떻게 되었나?"

맥주 공장 사장 플래너건이 이야기를 꺼냈다.

사흘 전 잉글랜드 은행에서 5만 5천 파운드나 훔쳐 달아난 도둑은 실마리조차 잡히지 않았다. 리폼 클럽 회원들은 카드놀이를 하면서도 런던뿐 아니라 전국적으로 화제가 된 그 사건 얘기를 계속했다.

"도둑이 어디로 도망갔는지 알 수가 있나? 세상이 얼마나 넓은데……"

그 말을 들은 포그가 작은 소리로 말했다.

"옛날에나 넓었지……"

"그럼, 지금은 좁아졌단 말인가?

"그럼, 지구는 좁아졌지. 100년 전보다 몇 배나 빠르게 세계 일주를 할 수 있잖아."

포그의 말을 스튜어트가 반박했다.

"하지만 범인도 그만큼 도망치기 쉽겠지. 3개월 만에 세계 일주를 할 수 있다던가?"

"아니, 80일이면 돼."

포그가 말했다.

"자, 「데일리 텔레그래프」 신문에서 날짜 계산해 놓은 걸 보게."

런던에서 수에즈까지 기차와 배로 7일, 수에즈에서 뭄바이까지 배로 13일, 뭄바이에서 콜카타까지 기차로 3일, 콜카타에서 홍콩까지 배로 13일, 홍콩에서 요코하마까지 배로 6일, 요코하마에서 샌프란시스코까지 배로 22일, 샌프란시스코에서 뉴욕까지 기차로 7일, 뉴욕에서 런던까지 배와 기차로 9일, 합계 80일

"정말 80일이네! 하지만 날씨가 나빠지거나 배나 기차가 고장 나서 늦어질 수도 있잖아?"

스튜어트의 말에 포그는 그것까지 다 계산된 거라고 자신 있게 말했다.

"포그, 그렇다면 자네가 실제로 한번 해 보게나."

내기를 좋아하는 리폼 클럽 회원 여섯 명은 포그의 세계 일주로 내기를 하기로 했다. 정확히 80일 뒤, 12월 21일 토요일 저녁 8시 45분까지 포그가 리폼 클럽으로 돌아오지 못하면 포그의 2만 파운드는 나머지 회원들이 나눠 갖기로 계약서를 작성했다. 만약 성공한다면 나머지 회원들이 포그에게 2만 파운드를 주기로 하고 말이다.

작품 정보

『80일간의 세계 일주』 (1873년), 쥘 베른 지음

전 재산을 걸고 80일간 세계를 일주하는 내기에 도전한 필리어스 포그의 이야기입니다. 이 부분은 포그가 클럽 회원들과 80일간의 세계 일주 내기를 하게 되는 장면입니다.

1. 다음 중 이 글에 쓰인 '일주'의 뜻을 고르세요.

① 도망쳐 달아남   ② 한 주, 첫 번째 주기

③ 일정한 경로를 한 바퀴 돎   ④ 한 가지 계책

2. 다음 중 이 이야기가 쓰인 시대를 알 수 있는 표현이 아닌 것을 고르세요.

① 그는 정확히 11시 30분에 집을 나서

② 석탄이 활활 타고 있는 난로

③ 3개월 만에 세계 일주를 할 수 있다던가

④ 뉴욕에서 런던까지 배와 기차로 9일

3. 포그와 친구들의 내기 내용입니다. 빈칸에 알맞은 말을 넣어 보세요.

필리어스 포그는 ☐☐일 만에 세계 일주를 마치고 12월 21일 토요일 저녁 8시 45분까지 이곳 런던에 있는 ☐☐☐☐으로 돌아와야 한다. 실패하면 포그가 건 돈 ☐☐ 파운드를 나머지 회원들이 나눠 갖는다.

4. 80일간의 세계일주 시간 계산표를 완성해 보세요.

　　　＿＿＿＿에서 수에즈까지 기차와 배로 7일,

　　수에즈에서 뭄바이까지 배로 13일,

　　뭄바이에서 콜카타까지 기차로 3일,

　　콜카타에서 ＿＿＿＿까지 배로 13일,

　　홍콩에서 요코하마까지 배로 6일,

　　요코하마에서 샌프란시스코까지 배로 ＿＿＿일,

　　샌프란시스코에서 뉴욕까지 기차로 7일,

　　뉴욕에서 런던까지 배와 기차로 9일,

　　합계 **80일**

5. 밑줄 친 곳에 알맞은 말을 넣어 이야기 내용을 간추려 보세요.

매사에 ＿＿＿＿성격인 필리어스 포그는 ＿＿＿＿＿를(을) 보고 세계 일주가 80일 만에 가능하다고 확신한다. 그와 ＿＿＿＿＿회원들은 2만 파운드를 걸고 포그의 80일간의 세계 일주 ＿＿＿＿를 시작한다.

05 올리버 트위스트
함정에 빠진 올리버

브라운로는 친구 그림 위그에게 올리버 자랑을 하고 있었다.

"어떤가? 굉장히 귀엽고 사랑스럽지? 나는 올리버의 착한 눈망울을 보면 기분이 좋아진다네."

"글쎄, 아이들 얼굴이 다 그렇지 뭐."

그림 위그도 올리버가 귀엽기는 했지만 왠지 심술이 나서 이렇게 대답했다. 그때 베드윈 부인이 들어와 브라운로에게 방금 배달된 책을 전해 주었다.

"책방 직원에게 잠시 기다리라고 해요. 책값을 가지고 나갈 테니 말이오."

"벌써 가버린걸요. 책만 주고 바로 나갔어요."

브라운로는 책방 주인에게 은혜를 갚고 싶어서 일부러 그 책방에 책을 주문했다. 얼마 전에 책방 주인이 소매치기로 몰린 올리버의 누명을 벗겨 주었기 때문이다.

"장사가 잘되는 책방도 아니라서 책값을 바로 지불해 주고 싶었는데."

"올리버한테 심부름을 시키세요. 올리버도 그 책방을 알잖아요."

베드윈 부인이 올리버를 가리키며 말했다.

브라운로는 올리버가 심부름을 잘 해내는 모습을 그림 위그에게 보여 주고 싶었다.

"올리버, 책방이 어디인지 기억나지? 지금 가서 책값을 전해 주고 올 수 있겠니?"

"네, 걱정하지 마세요. 금방 다녀올게요!"

돈을 받아 든 올리버가 밖으로 나가자 그림위그가 말했다.

"저 꼬마는 이제 소매치기 친구들에게 돌아갈 걸세, 손에 돈까지 쥐여 줬으니."

두 사람은 시계를 보며 올리버가 돌아오기를 기다렸다.

한편, 올리버는 책방을 향해 가고 있었다. 올리버는 브라운로 할아버지에게 감사한 마음이 샘솟아 심부름을 잘하는 모습을 보여드리고 싶었다. 그런데 갑자기 누군가 등 뒤에서 올리버를 꽉 껴안았다.

"올리버! 내 동생 올리버 맞지? 흑흑. 이 누나가 너를 얼마나 찾아다녔는지 알아? 네 걱정만 하고 계시는 부모님을 두고 가출을 하다니. 어서 집에 가자."

올리버는 당황해서 처음 보는 그 여자의 팔을 뿌리쳤다. 그러자 사람들이 몰려들었다. 사납게 생긴 남자가 나와 올리버의 팔을 거칠게 잡아챘다.

"이 녀석, 아주 고약한 아이구나. 누나가 저렇게 사정하는데, 그만 집으로 돌아가야지!"

악당 빌 사이크스였다. 그는 올리버를 잡으려고 낸시라는 여자와 함정을 만들었던 것이다. 올리버 트위스트는 그들의 소굴로 끌려가고 말았다.

작품정보

『올리버 트위스트』 (1838년), 찰스 디킨스 지음

고아 소년 올리버 트위스트가 온갖 어려움을 겪으면서도 훌륭한 성품을 지키며 성장하는 이야기입니다. 이 부분은 올리버가 자신을 구해준 신사의 심부름을 하다 악당에게 끌려가는 장면입니다.

1. 다음 낱말들의 뜻을 찾아 줄로 이어주세요.

① 소매치기・　　　　　・㉠ 나쁜 짓을 하는 무리가 활동의 본거지로 삼고 있는 곳

② 지불　・　　　　　・㉡ 돈을 내어 줌. 또는 값을 치름

③ 실랑이　・　　　　　・㉢ 남의 몸이나 가방을 슬쩍 뒤져 금품을 훔치는 짓

④ 소굴　・　　　　　・㉣ 서로 자기주장을 고집하며 옥신각신하는 일

2. 누가 한 말인지 보기에서 찾아 ( ) 안에 이름을 써 주세요.

> **보기**
>
> 브라운로　그림 위그　베드윈 부인　올리버　낸시　빌 사이크스

① 올리버! 내 동생 올리버 맞지? 흑흑. (　　　　)

② 올리버한테 심부름시키세요. (　　　　)

③ 올리버의 착한 눈망울을 보면 기분이 좋아진다네. (　　　　)

3. 글의 내용으로 맞는 것은 O표, 틀린 것은 X표 하세요.

① 브라운로 할아버지는 올리버를 자랑스럽게 생각한다. (   )

② 그림 위그 씨는 올리버가 착한 아이라고 생각한다. (   )

③ 올리버는 책값을 빼돌릴 계획을 하고 있었다. (   )

④ 빌 사이크스는 올리버를 잡으려고 함정을 만들었다. (   )

4. 등장인물들의 마음이 어떻게 바뀔지 잘못 예상한 친구를 고르세요.

① 지호: 브라운로 할아버지가 올리버 걱정을 많이 하시겠다.

② 준우: 그림 위그 씨는 올리버가 소매치기 친구들에게 돌아갔다고 생각하겠다.

③ 민아: 올리버는 악당 소굴로 다시 끌려가 속상하겠다.

④ 서준: 부모님은 올리버를 다시 만나 기쁘시겠네.

5. 밑줄 친 곳에 알맞은 말을 넣어 이야기 내용을 간추려 보세요.

_____는 자신에게 잘해준 _____할아버지의 심부름으로 책방에 가게 되었다. 올리버는 고마운 할아버지에게 심부름을 잘하는 모습을 보여드리고 싶었다. 그러나 _____을 갖고 길을 나선 올리버는 _____빌 사이크스의 소굴로 끌려가고 말았다.

올리버 트위스트 **31**

고전 속으로

1. 『크리스마스 캐럴』

1843년 출판 당시, 초판 6000부가 단 하루 만에 매진될 정도로 대단한 인기를 끈 이 작품은 찰스 디킨스를 위대한 영국 작가의 반열에 올려놓았다.

『크리스마스 캐럴』은 그 유명한 구두쇠 스크루지 영감의 이야기이다. 주인공 스크루지 영감은 수전노의 대명사로 인색하기 짝이 없고 얼음장같이 차가운 사람이다. 그 정도가 얼마나 심했는지, 거지들도 스크루지에게는 땡전 한 푼 구걸하지 않고, 맹인의 안내견조차 스크루지만 보면 주인을 후미진 골목길로 인도할 정도이다. 돈벌이에만 몰두하느라 마음이 얼어붙은 스크루지에게 크리스마스란 하루를 쉬기 위한 변명거리에 불과하다. 크리스마스이브 밤, 스크루지에게 7년 전에 죽은 오랜 동업자 '말리'가 유령이 되어 찾아온다. 죽어서도 편히 잠들지 못하고 쇠사슬에 묶인 채 고통을 받는 말리는 스크루지에게 마음을 고쳐 착하게 살지 않으면 자신과 똑같은 운명이 될 것이라고 경고한다.

2. 『아라비안나이트』

『아라비안나이트』는 원래 페르시아에서 모은 고대 설화집인 《천의 이야기》를 토대로 인도와 이란, 이라크, 이집트 등에서 전해지는 설화를 합쳐 만든 이야기 모음집이다. 그 때문에 '아라비안나이트'는 지은이와 생겨난 시기가 정확하지 않다. 13~15세기경, 아랍어로 쓰이면서 책의 형태를 갖추게 되었고, 그것을 안토니 갈랑이 프랑스어로 번역하면서 유럽에 알려졌다. 현재 전 세계적으로

널리 읽히는 『아라비안나이트』는 영국 작가인 리처드 버튼이 영어로 완역한 내용이다.

『아라비안나이트』는 페르시아의 샤리야르 왕에게 세에라자드라는 여인이 천일 일 동안 들려주는 이야기로 '천일야화(千一夜話)'라고 불리기도 한다. 아랍에서 1,001이라는 숫자는 영원함을 의미한다고 한다. 1,001일 동안 이어지는 이야기들은 우리에게 끊임없이 새로운 모습을 보여준다. 그중 「알라딘과 요술램프」, 「알리바바와 40인의 도둑」, 「신밧드의 모험」 등이 널리 알려져 있다.

3. 『작은 아씨들』

작가 루이자 메이 올컷은 미국 펜실베이니아에서 태어나 세 자매와 함께 자랐다. 그는 『작은 아씨들』의 '조'처럼 말괄량이에 글쓰기를 좋아했다. 루이자는 출판사로부터 소녀들을 위한 이야기를 써 달라는 제안을 받았고, 자신의 경험을 바탕으로 쓴 『작은 아씨들』을 1868년에 출간하여 큰 성공을 거두었다.

『작은 아씨들』은 남북 전쟁이 한창이던 미국을 배경으로 얌전하지만 허영심 많은 네 자매인 큰언니 메그, 활달한 작가 지망생 조, 여리고 착한 베스, 철없는 욕심쟁이 막내 에이미의 사랑, 이해, 갈등, 반목, 꿈 등을 다룬 이야기이다. 사랑하는 아버지가 남북 전쟁 때문에 집을 비운 데다 잘살던 시절에 대한 기억이 자매들의 마음에 그늘을 드리우기도 하지만, 자매들은 여러 사건을 겪으며 사랑과 이해에 대해 배워 나간다. 작품에 등장하는 에피소드는 루이자 메이 올컷

이 자신의 자매들과 실제로 겪은 이야기가 많다. 특히 둘째 딸 조는 올컷의 분신이라고 할 수 있다. 손에서 책을 놓지 않는 책벌레이자 명랑하고 활기찬 성격의 조는 여성의 투표권을 위해 싸웠던 작가 자신처럼 당시 여성들에게 요구되던 도덕과 관습 사이에서 갈등한다.

4. 『80일간의 세계 일주』

빈틈없는 영국 신사 필리어스 포그와 유쾌한 프랑스 하인 파스파르투의 세계 일주기를 그린 『80일간의 세계 일주』는 쥘 베른의 대표적 작품이다. 작품의 배경이 되는 19세기 후반은 과학 기술과 산업이 눈부시게 발달한 시기였다. 철도와 증기선은 세계 각국을 연결했고, 특히 지중해와 홍해를 연결하는 수에즈 운하가 완성되면서 아시아와 유럽의 거리는 절반 가까이 짧아졌다. 당연히 19세기 사람들의 관심사는 바로 지구의 발견, 다른 민족과 나라에 대한 정보, 과학의 역할이었다.

어느 날, 파리의 한 카페에서 잡지를 보던 쥘 베른은 80일이면 세계를 일주할 수 있다는 기사를 발견한다. 그 내용은 오랫동안 베른의 머릿속을 맴돌았고 작가는 이윽고 자신의 최고 걸작이 될 소설을 쓰기 시작한다. 베른은 이 작품을 쓰기 위해 선박 회사들과 철도 회사들이 제공하는 여행 정보를 꼼꼼히 살펴보고, 수많은 팸플릿을 보며 연구했다. 작품에 나오는 다양한 모험담들도 여러 여행서와 잡지에 실린 이야기를 조사해서 쓴 것이다.

5. 『올리버 트위스트』

1837년부터 벤틀리의 잡지에 연재된 「올리버 트위스트」는 발표 직후 선풍적인 인기를 끌었다. '고아원 소년의 여정'이라는 부제가 달린 이 작품은 찰스 디킨스 특유의 생생한 인물 묘사와 희극적 요소를 통해 19세기 영국 산업혁명 시대를 살아가는 고아 소년의 인생 역정을 그리고 있다. 그뿐만 아니라 구빈원(영국 국교의 행정단위인 교구의 책임 아래 극빈자들을 반강제적으로 수용하는 곳)이나 범죄 세계 같은 사회적·도덕적 악을 더욱 깊이 다루면서 당시 영국 사회의 불평등한 계층화와 산업화의 폐해를 예리한 시각으로 비판하여 대중의 공감을 끌어냈다.

디킨스는 학교에 다닐 수 없는 형편이라서 구두약 공장에서 일을 해야 했다. 그는 공장에서 벌어지는 어린아이에 대한 착취를 겪으며, 비인간적인 사회 시스템이 인간적인 가치를 훼손하는 현실에 눈을 뜬다. 책의 서문에서 디킨스는 "어린 올리버를 통해 선의 원리가 온갖 역경 속에서도 살아남아 끝내 승리하는 것을 보여주려 했다."라고 밝혔다.

글쓰기 연습 1

기사문 쓰기

『80일간의 세계 일주』에서 필리어스 포그는 신문 기사를 보고 세계 일주 내기를 시작합니다. 이처럼 어떤 사건을 보고 들은 그대로 적은 글을 기사문이라고 합니다.
나에게 일어난 일을 기사문으로 써 봅시다.

기사문은 어떻게 쓸까요?

- 한 가지 사건을 고릅니다.
- 읽는 사람이 무슨 일이 일어났는지 분명히 알 수 있도록 씁니다.
- 되도록 육하원칙을 지킵니다.
    - 누가, 언제, 어디서, 무엇을, 어떻게, 왜
- 전문과 본문으로 나누어 씁니다.
    - 전문: 사건 전체를 요약한 글(누가, 언제, 어디서, 무엇을)
    - 본문: 사건의 원인과 과정, 결과를 구체적으로 쓴 글(어떻게, 왜)
- 어울리는 제목(표제)을 붙입니다.

1. 표제(기사 제목)

우리 집 햄스터 콩이의 대탈출

2. 전문(누가, 언제, 어디서, 무엇을)

2024년 3월 7일 오후, 우리 집 거실에 있던 햄스터 집에서 콩이가 사라졌다.

3. 본문(어떻게, 왜)

지난주 목요일인 3월 7일, 내가 학교에서 돌아와 콩이에게 인사를 하려고 햄스터 집을 들여다봤지만, 콩이가 보이지 않았다. 은신처를 뒤집어봤지만 거기에 숨어있는 것도 아니었다. 당황하고 놀란 우리 식구들은 모두 콩이를 찾아 나섰다. 소파와 탁자, 책장 뒤까지 모두 뒤져 봐도 콩이의 모습은 보이지 않았다. 한 시간 만에 주방 냉장고 밑에서 겨우 콩이를 발견했다. 엄마가 먹이로 유인하고 내가 콩이를 잡았다. 콩이는 무사히 햄스터 집으로 돌아갔다. 알고 보니 내 동생이 콩이가 답답할 것 같아서 햄스터 집 입구를 열어 놓았다고 한다. 동생은 다시는 햄스터 집 입구를 열어놓지 않기로 식구들과 약속했다.

표제(제목):

전문:

본문:

Week 2

호두까기 인형
메리 포핀스
돈키호테
지킬 박사와 하이드 씨
파랑새

06 호두까기 인형
생쥐 왕의 왕관

달빛이 환하게 비치는 밤, 마리는 찍찍거리는 소리에 잠에서 깼다.

"생쥐들이 또 나타났네."

마리는 엄마를 깨우려고 했지만 너무 놀라서 말을 할 수도, 움직일 수도 없었다. 번쩍이는 왕관을 쓴 생쥐 왕이 마리에게 가까이 와서 말했다.

"꼬마야. 사탕 과자를 내놓지 않으면 네 호두까기 인형을 물어뜯어 놓을 테다!"

생쥐 왕은 그 말을 남기고 사라졌다. 마리는 너무나 겁이 나서 아침에 일어나서도 계속 초조한 마음이 들었다. 하지만 호두까기 인형을 구하기 위해 생쥐 왕에게 사탕 과자를 주어야 한다는 사실을 가족들에게 말할 수는 없었다. 아무도 믿지 않을 것이었다. 하는 수 없이 마리는 그날 저녁, 자기 사탕 과자를 전부 다 장식장 앞에 갖다 놓았다.

이튿날 생쥐들의 흔적을 본 엄마가 말했다.

"어머나, 마리. 생쥐들이 네 사탕 과자를 모두 먹어 버렸구나."

마리는 사탕 과자가 어떻게 되든 상관없었다. 호두까기 인형을 구했다는 생각에 기뻤기 때문이다.

그런데 그날 밤 생쥐 왕이 또 마리를 찾아왔다. 이번에는 설탕 인형과 트라간트 과자 인형을 내놓지 않으면 호두까기 인형을 물어뜯어 버리겠다고 했다. 마리는 다음 날 설탕 인형과 트라간트 과자 인형을 장식장 앞에 내놓

왔다. 마리는 몹시 슬펐다. 트라간트 과자 인형들은 마리가 가장 아끼는 것들이었기 때문이다. 마리는 호두까기 인형을 바라보며 한탄했다.

"아, 드로셀마이어 씨, 당신을 구하기 위해서라면 난 뭐든 할 수 있어요. 그렇지만 이건 너무해요."

그러나 마리는 호두까기 인형을 집어삼키는 생쥐 왕을 떠올리고는 모든 것을 희생하기로 마음을 굳혔다. 다음 날도 생쥐들의 흔적을 발견한 엄마는 이웃집에서 쥐덫을 빌려왔다. 쥐덫 안에 미끼를 넣고 장식장 옆에 갖다 두었다. 그러나 밤이 되자 생쥐 왕이 나타나 쥐덫을 비웃고는 마리에게 화를 내며 찍찍거렸다. 그림책과 드레스까지 다 내놓지 않으면 호두까기 인형을 물어뜯겠다고 했다.

다음 날 너무나도 슬펐던 마리는 호두까기 인형을 닦으며 속마음을 말했다. 그러자 호두까기 인형이 말을 했다.

"아가씨는 내 소중한 친구입니다. 나를 구하려고 한 모든 일에 감사해요. 하지만 그림책과 드레스까지 잃을 수는 없지요. 칼 한 자루만 구해주시면 그 녀석을 해치우겠습니다."

마리는 동생의 병정 인형에게서 칼을 하나 빌릴 수 있었다. 그날 밤늦게 호두까기 인형은 마리 앞에 나타나 승리의 표식을 마리에게 주었다. 그것은 생쥐 왕의 왕관이었다.

작품정보

『호두까기 인형』 (1816년). 에른스트 호프만 지음

크리스마스 선물로 받은 호두까기 인형이 밤마다 살아 움직인다는 것을 알게 된 소녀 마리와 호두까기 인형, 그리고 생쥐 왕 이야기입니다. 이 부분은 호두까기 인형이 자신을 위해 희생한 마리의 이야기를 듣고 생쥐 왕과 싸워 이기는 장면입니다.

1. 보기에서 설명하는 낱말을 골라 번호를 쓰세요.

> **보기**
> 무엇을 겉에 나타내 보이는 일정한 방식

① 표시　② 표현　③ 표지　④ 표식

2. 생쥐 왕이 마리에게 내놓으라고 한 물건을 차례대로 써 보세요.

① 첫째 날: _____

② 둘째 날: _____, 트라간트 과자 인형

③ 셋째 날: 그림책, _____

3. 이야기의 내용으로 틀린 것을 고르세요.

① 생쥐 왕은 머리에 번쩍이는 왕관을 쓰고 있었다.

② 마리는 생쥐 왕에게 사탕 과자를 주는 게 아까웠다.

③ 생쥐 왕은 쥐덫에 걸려들지 않았다.

④ 호두까기 인형은 생쥐 왕과의 싸움에서 이겼다.

4. 호두까기 인형이 생쥐 왕에 맞선 이유로 맞으면 O표, 틀리면 X표 하세요.

① 호두까기 인형은 군인이라 싸우는 것을 좋아하기 때문에 (　　)

② 호두까기 인형은 마리를 소중한 친구라고 생각해서 (　　)

③ 마리가 호두까기 인형을 지키기 위해 여러 번 희생했기 때문에 (　　)

④ 생쥐 왕이 호두까기 인형에게 결투를 신청해서 (　　)

5. 밑줄 친 곳에 알맞은 말을 넣어 이야기 내용을 간추려 보세요.

_____는 호두까기 인형을 물어뜯겠다는 _____의 협박을 받고 소중한 것들을 내주었다. 생쥐 왕이 마리의 그림책과 드레스까지 요구하자 호두까기 인형은 생쥐 왕을 물리치고, 생쥐 왕의 _____을 마리에게 주었다.

07 메리 포핀스
위그 씨의 초대

제인과 마이클은 그들의 보모인 메리 포핀스와 함께 버스에서 내렸다. 제인이 물었다.

"혹시 집에 안 계시면 어떡하죠?"

"우리 삼촌은 우리를 점심에 초대해 놓고 어디 놀러 가실 분이 아니야."

메리 포핀스가 말했다. 세 사람은 메리 포핀스의 삼촌인 위그 씨의 집에 가는 길이었다. 그들은 길모퉁이를 돌아 로버트슨가 3번지에 도착했다. 삼촌 방이 있는 2층으로 올라가 문을 두드리자 크고 활기찬 목소리가 들려왔다.

"들어와요, 들어와! 대환영입니다!"

제인은 위그 씨가 집에 계셔서 다행이라고 생각했다. 방에 들어서니 커다란 탁자에 맛있는 케이크들과 네 개의 찻잔이 준비되어 있었다. 그런데 위그 씨가 보이지 않았다.

"하하, 너희들이 와 줘서 정말 기쁘구나!"

이 목소리를 들은 메리 포핀스가 천장을 올려다보며 말했다.

"삼촌, 또예요? 오늘은 생신날이 아니잖아요!"

제인과 마이클이 위를 올려다보니 위그 씨가 둥둥 떠 있었다.

"얘들아, 놀랐겠구나. 나는 생일이 금요일이면 이렇게 되곤 한단다. 웃으면 몸속에 웃음 가스가 차올라서 풍선처럼 떠 오르지."

위그 씨는 그 말을 하고 또 웃기 시작했다. 비눗방울처럼 둥둥 떠서 우스꽝스럽게 돌아다니며 웃는 위그 씨를 보자 제인과 마이클도 웃음이 나왔다. 참으려고 했지만 웃음이 터져 나와 두 남매는 바닥을 구르며 웃어 대기 시작했다.

"어, 이상해. 웃을수록 몸이 점점 가벼워지는 것 같아."

이렇게 중얼거리던 제인은 갑자기 풍 하고 공중으로 떠올랐다. 제인은 천장에서 위그 씨와 만났다.

"아니, 너도 오늘 생일이니? 하긴, 내 생일도 아니다만. 그렇다면 이 웃음 가스는 전염되는 게 분명하구나! 하하."

두 사람을 올려다보던 마이클도 깔깔거리다 방바닥에서 휙 솟아올랐다.

"얘야, 조심해! 벽난로 선반에 부딪히겠구나."

위그 씨는 마이클의 손을 덥석 잡더니 악수를 했다.

"만나서 반갑다. 아저씨가 못 내려가니까 네가 인사하러 올라온 거지?"

세 사람과 함께하기 위해 공중에 뜬 메리 포핀스는 탁자를 공중에 띄웠고, 네 사람은 둥둥 뜬 채로 맛있는 케이크를 먹고 차를 마시며 즐거운 시간을 보냈다.

작품정보

『메리 포핀스』 (1934년). 파멜라 린던 트래버스 지음

런던의 한 가정에 바람을 타고 날아 들어온 보모 메리 포핀스가 뱅크스 남매를 돌보며 벌어지는 이야기입니다. 이 부분은 제인과 마이클이 메리 포핀스의 삼촌 집에서 웃음 가스에 전염되어 신기하고 즐거운 시간을 보내는 장면입니다.

1. '보모'의 뜻으로 맞는 것을 고르세요.

① 부모를 대신해 아이들을 돌보고 가르치는 사람

② 어머니의 자매를 가리키는 말

③ 남남끼리 어머니뻘의 여성을 친근하게 부르는 말

④ 아버지의 여자 형제를 가리키는 말

2. 이야기의 내용으로 맞으면 O표, 틀리면 X표 하세요.

① 제인과 마이클은 친구 사이이다. (　　)

② 제인과 마이클, 메리 포핀스는 위그 씨의 초대를 받았다. (　　)

③ 위그 씨가 보이지 않았던 것은 공중에 떠 있었기 때문이다. (　　)

④ 메리 포핀스는 공중에 떠 있는 세 사람을 내려오게 만들었다. (　　)

3. 웃음 가스에 대해 틀린 말을 하는 친구를 고르세요.

① 준하: 위그 씨는 생일이 금요일일 때 웃으면 몸이 둥둥 뜬대.

② 지민: 위그 씨가 둥둥 뜬 걸 보니 오늘이 위그 씨 생일이구나.

③ 건우: 메리 포핀스는 웃음이 많지 않아서 맨 마지막에 떴나 봐.

④ 현지: 나도 잘 웃는 편인데, 저 자리에 가면 나도 몸이 떠오르겠다.

4. 이야기 내용을 바탕으로 생각해 보고 알맞은 말을 골라 ○표 하세요.

위그 씨는 **(조카 / 삼촌)**인 메리 포핀스가 돌봐주는 아이들이 자기 집에 온다는 사실이 **(두려워서 / 즐거워서)** 웃음이 났던 것이다. 그리고 생일은 아니지만 세 사람을 초대한 **(특별한 / 평범한)** 날이라 몸이 둥둥 떴을 것이다.

5. 밑줄 친 곳에 알맞은 말을 넣어 이야기 내용을 간추려 보세요.

제인과 마이클은 _____와 함께 위그 씨의 집을 방문했다. _____는 풍선처럼 몸이 공중에 떠 있었고, 활짝 웃은 아이들에게도 _____가 전염되어 네 사람 모두 둥둥 뜬 채로 케이크와 차를 즐겼다.

08 돈키호테
기사 임명식

해가 지는 저녁 돈키호테는 자신의 말 로시난테를 타고 터벅터벅 길을 가고 있었다. 로시난테는 몹시 지쳐 있었고, 돈키호테의 배속에서는 꼬르륵거리는 소리가 나고 있었다.

마침 멀지 않은 곳에 자그마한 여관이 하나 있었다. 평범한 여관이었지만 돈키호테의 눈에는 그럴싸한 성으로 보였다. 여관 앞에는 옷차림이 단정하지 않은 여자 둘이 서 있었다.

"오, 아름다운 귀부인들!"

돈키호테는 정중히 인사하며 자신을 소개했다.

"부인들, 저는 기사도를 지키는 기사입니다."

여자들은 돈키호테가 입은 낡은 갑옷과 투구, 종이로 대충 만든 얼굴 가리개를 보자 웃음이 터져 나왔다. 그때 여관 주인이 밖으로 나와 돈키호테에게 공손히 인사했다.

"어서 오십시오. 주무실 곳을 찾으신다면 저희 여관에서……."

고개를 든 순간 여관 주인도 웃음이 났지만 겨우 참았다. 속으로는 저 괴상한 차림을 한 남자가 정신이 이상한 사람이어서 행패를 부릴까 두렵기도 했다. 그래서 공손하게 대하기로 마음먹었다.

돈키호테는 여관 주인을 성주라고 생각하고 로시난테에서 내려 예의를 갖춰 말했다.

"성주님, 저를 반갑게 맞아 주셔서 고맙습니다."

이 말을 들은 여관 주인은 돈키호테가 정말 정상이 아니라고 생각해 그를 골탕 먹이기로 했다. 허름한 방을 내준 여관 주인은 돈키호테에게 마른 생선과 시커먼 빵 한 조각을 주었다. 배가 몹시 고팠던 돈키호테는 얼른 그 음식들을 받았다. 그러고는 갑옷을 입고 투구를 쓴 채 음식을 먹으려 했다. 여관 주인은 하녀와 함께 돈키호테가 식사하는 것을 도와주었다. 힘들게 식사를 마친 돈키호테는 모두에게 고맙다는 인사를 했다.

"여러분 덕분에 잘 먹었습니다. 최고급 생선 요리에 부드러운 빵, 게다가 여러분의 친절이 더해져 최고의 만찬이었습니다."

말을 마친 돈키호테는 여관 주인 앞에 무릎을 꿇고 엄숙한 표정으로 말했다.

"성주님, 저의 소원을 들어주십시오. 제가 오늘밤 이 성안의 예배당을 지킬 테니 내일 아침에 부디 저를 정식 기사로 임명해 주십시오. 저는 정의를 지키기 위해 어떠한 모험도 할 수 있습니다."

여관에는 당연히 예배당이 없으므로 여관 주인은 돈키호테에게 마당을 지키라고 했다. 밤새 마당을 지키던 돈키호테는 지나가는 모든 사람을 공격했다. 여관 주인은 돈키호테가 더 큰 말썽을 일으킬까 겁이 나 서둘러 돈키호테를 불렀다. 마당을 지키는 임무를 잘 수행했다고 칭찬한 뒤 가짜 '정식 기사 임명식'을 마치고 돈키호테를 내보냈다.

작품정보

『돈키호테』 (1605년) . 미겔 데 세르반테스 지음

스페인 시골의 신사 돈키호테가 기사 소설에 빠져 자신을 기사라고 하면서 벌이는 모험 이야기입니다. 이 부분은 돈키호테가 성주로 착각한 여관 주인에게 기사 임명을 받는 장면입니다.

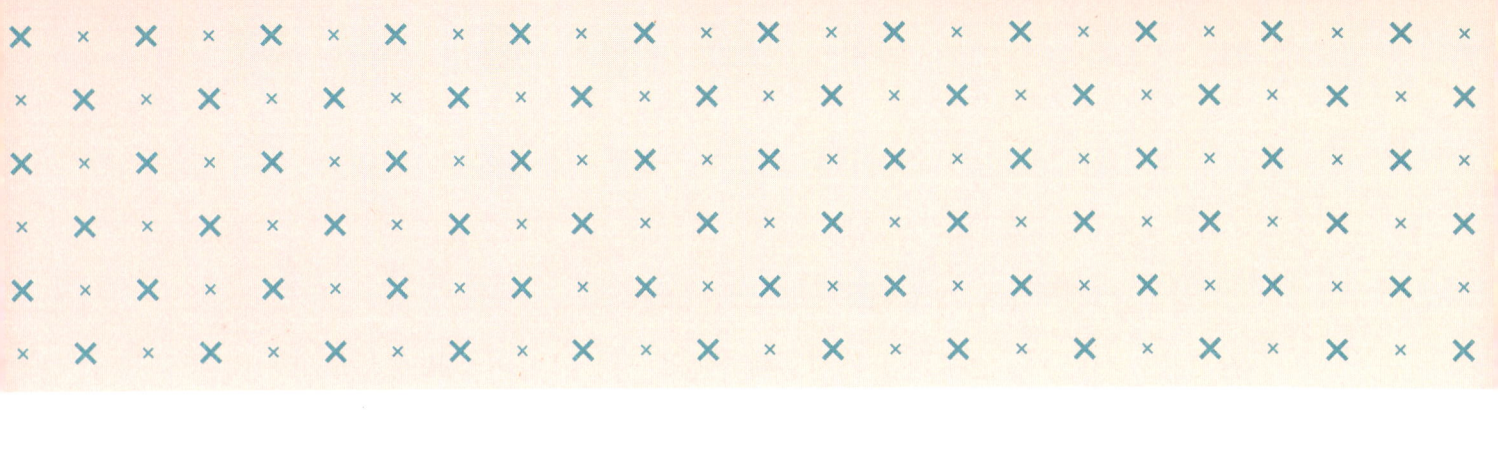

1. 다음 낱말들의 뜻을 찾아 줄로 이어주세요.

① 기사 ・　　　・ ㉠ 손님을 초대하여 함께 먹는 저녁 식사

② 투구 ・　　　・ ㉡ 일정한 격식을 갖추고 임명을 하는 의식

③ 만찬 ・　　　・ ㉢ 중세 유럽에서, 봉건 영주에 딸린 무사

④ 임명식・　　　・ ㉣ 예전에, 군인이 전쟁 때 갑옷과 함께 갖추어 쓰던, 쇠로 된 모자

2. 돈키호테에 대한 설명입니다. 빈칸에 알맞은 말을 보기에서 찾아 쓰세요.

보기

기사　투구　집　성주　로시난테　돈키호테　성

돈키호테는 자신을 ☐☐라고 생각했다. 갑옷과 ☐☐를 걸치고 ☐☐☐☐라는 말을 타고 가다 한 여관에 묵게 되었다. 돈키호테는 그곳을 그럴싸한 ☐이라고 생각했다.

3. 돈키호테를 본 사람들의 생각이나 행동으로 틀린 것을 고르세요.

① 여자들은 돈키호테의 차림새를 보고 웃음을 터뜨렸다.

② 여자들은 돈키호테가 자신들을 귀부인이라고 부르자 공손히 대답했다.

③ 여관 주인은 돈키호테에게 안 좋은 음식을 주었다.

④ 여관 주인은 돈키호테가 정신이 이상해 말썽을 일으킬까 봐 겁났다.

4. 다음 중 돈키호테가 중요하게 생각한 것에는 O표, 그렇지 않은 것에는 X표 하세요.

① 귀부인들에게 정중하게 인사하는 것 (　)

② 맛있는 음식을 배불리 먹는 것 (　)

③ 세상의 정의를 지키기 위해 모험하는 것 (　)

④ 정식 기사 임명을 받는 것 (　)

5. 밑줄 친 곳에 알맞은 말을 넣어 이야기 내용을 간추려 보세요.

자신을 기사라고 생각한 _____는 갑옷과 투구를 걸치고, 로시난테라는 말을 타고 길을 나섰다. 돈키호테를 정신이 이상한 사람이라 생각한 _____은 그를 골탕 먹이려 하다가 너무 큰 말썽을 일으킬 것이 두려워 _____을 해서 내보낸다.

09 지킬 박사와 하이드 씨
래니언의 편지

　1월 9일, 나는 지킬에게 편지 한 통을 받았네. 바로 전날 그와 식사를 했는데 또 편지라니, 좀 의아했지. 편지에는 이상한 부탁이 적혀 있더군. 편지를 읽는 즉시 자기 집으로 가 달라는 거야. 가보면 지킬의 집사 풀과 열쇠수리공이 내가 지킬의 사무실로 들어갈 수 있도록 준비하고 있을 거라는 거야. 사무실 안의 장식장에서 어떤 상자를 가져와 달라더군. 그걸 우리 집으로 가져와서 기다리고 있으면 자정에 한 남자가 와서 지킬의 이름을 대고 그 상자를 가져갈 거라는 거야. 이 모든 것은 비밀이며 우리 집 하인들 중 누구도 그 남자를 보아서는 안 된다고 했어. 만약 내가 이 일에 실패하면 지킬이 곧 죽거나 미칠 거라는 경고도 적혀 있었다네.

　나는 지킬이 위험에 빠졌다고 판단해 부탁을 들어주어야 한다고 생각했지. 편지를 읽은 후 곧장 지킬의 집으로 갔더니 정말로 풀이 나를 기다리고 있었네. 열쇠수리공이 어렵게 사무실 문을 열어주었지. 장식장에서 상자를 꺼내 우리 집으로 가져왔어. 가루와 붉은 액체가 든 유리병, 무언가 빼곡히 기록한 공책이 들어있더군. 나는 하인들을 잠자리에 들게 하고 권총에 총알을 넣고는 지킬이 말한 남자가 나타나길 기다렸다네.

　시계가 자정을 알리자 문을 두드리는 소리가 들렸지. 문을 열어보니 어둠 속에 키 작은 남자가 서 있더군.

　"지킬 박사가 보냈나?"

내가 물었지. 그러자 그가 고개를 끄덕이더군. 안으로 들어온 그를 불빛 아래서 보자 좀 이상한 점이 있었어. 몸집에 비해 지나치게 큰 옷을 입고 있는 거야. 그는 몹시 초조해하며 내게 물었어.

"가져왔나?"

나는 바닥에 놓인 상자를 손가락으로 가리켰지. 그는 상자를 열어보고는 안심했는지 흐느껴 울더군. 그러더니 내게 유리잔을 달라고 했지. 떨리는 손으로 그에게 유리잔을 건넸어. 그는 가루와 액체의 양을 재어 유리잔에 넣더군. 그 둘이 섞이면서 연기가 피어올랐어. 짙은 보라색이었던 연기가 선명한 초록색으로 변했지. 남자는 그 액체를 한입에 꿀꺽 마시더군. 그러더니 비틀거리며 탁자를 움켜쥐었어. 입이 벌어지고 눈동자가 이글이글 불타오르더라고. 나는 두려움에 떨면서 그 광경을 지켜보았어. 남자는 얼굴이 점점 부어오르고 얼굴색이 어두워지더니 표정을 잔뜩 일그러뜨리더군. 나는 뒤로 물러나다 벽에 부딪히고 말았네. 그 얼굴을 보고 너무 놀랐던 거지.

내 앞에 서 있는 건 지킬이었다네! 그날 밤 우리 집을 찾아온 남자는 분명 하이드였어. 그런데 약을 마시고 내 앞에 선 사람은 내 오랜 친구 지킬이었어. 그러니 지킬과 하이드는 하나야. 같은 사람이지!

작품정보

『지킬 박사와 하이드 씨』 (1886년), 로버트 루이스 스티븐슨 지음

지킬 박사가 만들어낸 약 때문에 생겨난 하이드 씨의 정체를 밝혀가는 추리 이야기입니다. 이 부분은 지킬의 친구 래니언이 하이드의 모습이 변하는 것을 보고 놀라는 장면입니다.

1. 다음 중 '주인 가까이 있으면서 그 집 일을 맡아보는 사람'이라는 뜻을 가진 낱말을 고르세요.

① 하인　② 감독관　③ 경비원　④ 집사

2. 인물들이 한 일을 잘못 쓴 것을 고르세요.

① 래니언은 지킬이 보낸 편지를 받았다.

② 풀은 지킬의 집에서 래니언을 기다리고 있었다.

③ 래니언은 하이드에게 유리잔을 주었다.

④ 지킬은 가루를 탄 액체를 마시고 하이드로 변했다.

3. 일이 일어난 순서대로 (　) 안에 번호를 쓰세요.

① 래니언이 지킬의 사무실에서 상자를 가져왔다. (　)

② 래니언과 지킬이 함께 식사를 했다. (　)

③ 래니언이 지킬의 편지를 받았다. (　)

④ 래니언이 하이드가 지킬로 변하는 것을 보았다. (　)

4. 래니언이 지킬의 부탁을 들어주기로 결심한 까닭입니다. 맞는 말을 고르세요.

래니언은 지킬의 오랜 (집사 / 친구)였고 만약 지킬이 부탁한 일에 실패하면 (지킬 / 래니언)이 곧 죽거나 미칠 거라는 (경고 / 협박)가(이) 담긴 편지를 받았다. 그래서 지킬이 위험에 빠졌다고 생각했다.

5. 밑줄 친 곳에 알맞은 말을 넣어 이야기 내용을 간추려 보세요.

_____은 친구 지킬이 부탁한 대로 _____의 집에서 상자를 가져왔다. 래니언을 찾아온 _____에게 상자를 주자 그는 그 안의 가루와 액체를 섞어 마시더니 지킬로 변했다.

10 파랑새
행복을 만난 틸틸

　행복들이 틸틸과 미틸을 둘러싸고 흥겹게 춤을 춘다. 춤이 끝나자 대장 같아 보이는 아이 하나가 틸틸에게 와서 손을 내민다.

행복 틸틸, 안녕!
틸틸 어? 여기에도 나를 아는 아이가 있네. (행복에게) 그런데 너는 누구니?
행복 나를 모르겠어? 설마 우리들 중에서 한 명도 못 알아보는 건 아니지?
틸틸 (당황하며) 글쎄, 모르겠는데……. 너희들을 본 적이 없는 것 같아.
행복 얘들아, 틸틸이 우리를 한 번도 본 적이 없대! (곁에 있던 다른 행복들이 웃음을 터뜨린다.) 틸틸, 네가 아는 행복은 우리뿐이야! 우리는 늘 네 곁에 있어! 항상 너와 함께 먹고, 잠들고, 일어나고 숨 쉬면서 지내왔다고!
틸틸 음, 어렴풋이 기억날 것 같기도 해. 그런데 너희들을 뭐라고 부르지?
행복 그래, 네가 우리를 모르는 게 당연할지도 모르겠다. 난 '집에 있는 행복들'의 대장이야. 여기 있는 친구들은 모두 너희 집에 사는 행복들이야.
틸틸 우리 집에 행복이 이렇게 많다는 말이야?

　행복들이 웃음을 터뜨린다.

행복 틸틸! 너희 집은 행복으로 가득해. 문이랑 창문이 모두 터질 정도라고! 우리는 늘 웃고 노래해. 우리가 쉬지 않고 만들어 내는 즐거움 때문에 벽도 춤추고 지붕까지 들썩거릴 정도라니까! 네가 그걸 보고 느끼지 못하는 것뿐이야. 앞으로는 우리에게 좀 더 관심을 기울여 주면 좋겠어! 그러다 보면 더 고귀한 행복들을 만나게 돼. 이제 집에 돌아가면 행복들을 훨씬 쉽게 알아볼 수 있을 거야. 그리고 언젠가는 네 미소로 행복들을 격려하고, 상냥하게 감사의 말을 전할 수도 있게 될 거야. 행복들은 네 삶이 더 밝고 즐거워지도록 최선을 다해 도와줄 테니까.

자, 이제 우리 소개를 할게. 우선 나부터. 나는 '건강하게 지내는 행복'이야. 가장 잘생기지는 않았지만, 가장 중요한 행복이지. 이제 날 알아보겠니? 그리고 거의 투명한 이 친구의 이름은 '맑은 공기의 행복'이야. 또 회색 옷을 입은 이 친구는 '부모를 사랑하는 행복'이야. 얘는 늘 조금 슬퍼하고 있어. 인간들은 도통 이 친구에게 관심이 없어서. 자연의 느낌이 나는 파란 옷을 입은 이 친구는 '파란 하늘의 행복'이고, 마찬가지로 자연을 느끼게 하는 초록색 옷을 입은 이 친구는 '숲의 행복'이란다. 네가 창가에 서 있을 때마다 만나는 행복들이야. 다이아몬드 빛깔을 자랑하는 이 친구는 '햇빛이 비치는 시간의 행복'이고, 그 옆에서 투명한 에메랄드 빛깔을 내는 친구는 '봄의 행복'이야.

작품 정보

『파랑새』 (1909년), 모리스 마테를링크 지음

틸틸과 미틸 남매가 크리스마스 전날 밤에 파랑새를 찾아 헤매는 꿈을 꾸는 이야기로, 희곡(연극 대본)입니다. 이야기 속에서 파랑새는 행복을 뜻하는데, 이 부분은 틸틸이 '행복'과 대화하는 장면입니다.

1. 다음 중 '어렴풋이'를 잘못 사용한 문장을 고르세요.

① 유치원 친구들 얼굴이 어렴풋이 기억난다.

② 엄마 심부름을 어렴풋이 잊어버렸다.

③ 나무들 사이로 작은 새의 모습이 어렴풋이 보였다.

④ 할아버지께서 나를 부르시는 소리가 어렴풋이 들려온다.

2. 이글의 내용을 바르게 이해한 사람을 고르세요.

① 민호: 글 속에 등장인물이 둘 뿐이라 단순하네.

② 기범: 틸틸은 친구들에 대해 아는 게 없나 봐.

③ 은수: 행복에도 여러 종류가 있구나!

④ 재영: '집에 있는 행복들' 중 대장 행복이 가장 잘생겼대.

3. 다음은 행복이 틸틸에게 한 말입니다. 알맞은 낱말을 골라 ○표 하세요.

앞으로는 우리에게 좀 더 (관심 / 노력)을 기울여 주면 좋겠어! 그러다 보면 더 고귀한 행복들을 만나게 돼. 이제 집에 돌아가면 (부모님 / 행복들)을 훨씬 쉽게 알아볼 수 있을 거야. 그리고 언젠가는 네 미소로 행복

들을 격려하고, 상냥하게 (감사 / 사과)의 말을 전할 수도 있게 될 거야. 행복들은 네 삶이 더 밝고 즐거워지도록 최선을 다해 도와줄 테니까.

4. 행복의 이름과 모습이나 특징을 알맞게 줄로 이어주세요.

① 건강하게 지내는 행복 ・   ・ ㉠ 초록색 옷을 입고 있음

② 부모를 사랑하는 행복 ・   ・ ㉡ 가장 중요한 행복

③ 숲의 행복 ・   ・ ㉢ 인간들이 자신에게 관심이 없어서 조금 슬퍼하고 있음

④ 봄의 행복 ・   ・ ㉣ 투명한 에메랄드 빛깔을 내고 있음

5. 밑줄 친 곳에 알맞은 말을 넣어 이야기 내용을 간추려 보세요.

_____은 춤이 끝나자 자신에게 다가온 대장 _____과 이야기를 나눈다. 틸틸의 집이 여러 가지 _____으로(로) 가득하지만 자신이 보지 못했던 것뿐이며, 행복들은 항상 틸틸의 삶이 밝고 _____도록 도와줄 것이라는 사실을 알게 된다.

고전 속으로

6. 『호두까기 인형』

『호두까기 인형』은 차이코프스키의 유명한 발레극 《호두까기 인형》의 원작이 되는 작품으로, 200년이 넘는 시간 동안 꾸준한 사랑을 받아온 작품이다. 1816년, 호프만은 친구인 출판업자 히치히의 아이들을 위해 쓰기 시작한 『호두까기 인형』을 완성한다. 주인공인 프리츠와 마리도 히치히의 아이들 이름에서 따온 것이다. 호프만은 작품 속에 등장하는 드로셀마이어 대부처럼 히치히의 집에 자주 들러 아이들과 놀아주고, 이야기도 들려주었다고 한다.

크리스마스이브, 일곱 살 마리는 선물로 받은 우스꽝스럽고 볼품없는 호두까기 인형에게 반한다. 그날 밤, 자정을 알리는 괘종시계 종이 울리자 장식장 속 인형들과 장난감 병정들이 살아 움직이며 머리가 일곱 개 달린 생쥐 왕에 맞서 전투를 벌인다. 마리는 자신을 희생해 저주에 걸린 호두까기 인형의 목숨을 구해내고, 호두까기 인형의 초대로 얼음사탕 초원, 크리스마스 숲, 아몬드 설탕 과자 성이 있는 신비로운 인형 왕국을 여행하며 환상과 현실의 세계를 넘나든다.

7. 『메리 포핀스』

작가 파멜라 린든 트래버스는 오스트레일리아에서 태어났다. 그녀는 어렸을 때부터 시와 이야기를 쓰는 것을 좋아했다. 1924년 영국으로 건너가 여배우, 댄서, 저널리스트 등 여러 직업을 거쳤는데, 병에서 회복한 뒤로 스스로의 즐

거움을 찾고자 글을 쓰기 시작하면서 작가 생활에 들어섰다.

 벚나무길 17번지에 사는 뱅크스 씨 집에 유모 '메리 포핀스'가 찾아온다. 그날 이후, 뱅크스 씨네 네 아이인 제인, 마이클, 쌍둥이 존과 바브라는 메리 포핀스와 환상 세계 속에서 신기하고도 황홀한 시간을 보낸다. 그 안에서 아이들은 웃음 가스가 차서 공중에 둥실 떠올라 차를 마시기도 하고, 원하는 소원을 이루려고 가출한 강아지의 사정을 전해 듣기도 한다. 첫돌이 지나지 않은 쌍둥이 존과 바브라는 찌르레기와 대화도 나눈다. 꿈인지 현실인지 헷갈릴 정도로 즐거운 시간이 지나가고 다가온 작별의 시간, 전에 없이 자기 물건을 나누어 주는 메리를 보고, 아이들은 이별을 직감한다.

8.『돈키호테』

작가 미겔 데 세르반테스가 지은 소설로, 세계 최초의 근대 소설로 평가된다. 이 작품은 기사도 소설을 보다 '기사'에 미쳐 세상을 떠돌며 악을 처단하고 약자를 구원하는 떠돌이 방랑 기사가 되기로 결심한 돈키호테와 어리숙한 시골 농부 산초 판사의 엉뚱하면서도 흥미진진한 여정을 담은 모험 소설이다. 모험은 매번 실패와 좌절로 끝나고 몸은 점점 만신창이가 되어 가지만, 돈키호테는 진정한 기사가 되겠다는 꿈을 이루기 위해 여정을 멈추지 않는다.

『돈키호테』는 지역과 시대에 따라 다양하게 해석할 수 있는 폭넓은 깊이를 지닌 작품으로 평가받아 왔다. 시간이 흐를수록, 돈키호테는 무모하고 비현실적인 이상주의자에서 실패에도 불구하고 자신의 꿈을 향해 끊임없이 도전하는 인물로 주목을 받고 있다. 세르반테스는 돈키호테의 눈을 통해 16세기 스페인의 부조리한 사회 구조와 지배 계급의 행태를 마음껏 풍자하고 조소를 보냈다.

9. 『지킬 박사와 하이드 씨』

유명하고 존경받는 런던의 의사 지킬 박사는 실험을 통해 그와 정반대인 완전히 다른 인격체, 즉 자신의 내면에 숨겨진 야만적인 인격을 가진 하이드 씨로 변신하는 약을 만들어낸다. 어두운 런던의 밤, 지킬 박사는 하이드로 변해 온갖 잔인한 행동과 범죄를 저지르게 된다. 하이드의 행동이 점점 더 폭력적으로 변하면서, 지킬 박사는 하이드를 더 이상 통제할 수 없게 된다. 이 소설은 도덕성, 죄책감, 파괴적인 욕망 등, 인간 본성의 이중성에 관한 깊은 성찰을 하게 한다.

　로버트 루이스 스티븐슨은 낮에는 성실한 열쇠공으로 일하고 밤에는 도둑질하는 이중생활 범죄자 '디컨 브로디'의 실제 일화에서 영감을 받아 『지킬 박사와 하이드 씨』를 썼다. 소설을 쓴 후 스티븐슨은 '모든 생각하는 존재의 마음을 때때로 습격하여 압도해 버리는 인간의 이중성에 대한 강력한 감각을 이야기로 써 보고 싶었다.'라고 말했다.

10. 『파랑새』

일생을 신비롭고 환상적인 작품 세계를 그려내며 독창적인 희곡들을 남긴 모리스 마테를링크.『파랑새』는 마테를링크만의 철학이 담긴 대표작이자, 그를 대문호 반열에 올려 주고 노벨문학상을 받는 데 크게 기여한 작품이다.

초라한 오두막집에 사는 남매 틸틸과 미틸에게 어느 날 밤 요술쟁이 할머니가 찾아온다. 할머니는 자신의 아픈 딸을 위해 남매에게 '파랑새'를 찾아 달라고 부탁한다. 틸틸과 미틸은 할머니가 건네준 마법의 다이아몬드가 달린 모자와 함께 파랑새를 찾아 긴 여행을 시작한다.

오늘날 행복의 상징이자 행복의 대명사가 된 단어 '파랑새.' 마테를링크가 이 작품을 통해 말하려 했던 가장 큰 주제는 바로 '행복'이다. 그는 작품 곳곳에서 행복에 관해 이야기하며, 행복은 우리 가까이에 있다는 소중한 메시지를 전한다.

글쓰기 연습 2

극본 쓰기

『파랑새』는 연극의 대본인 극본 형식으로 쓰였습니다.
동화의 한 부분을 극본으로 바꾸어 써 봅시다.

극본은 어떻게 쓸까요?

극본은 해설, 대사, 지문으로 이루어집니다.
- 해설: 배경이나 상황을 설명한다. 극본의 첫 부분과 설명이 필요한 부분에 쓴다.
- 대사: 등장인물들이 주고받는 말. 대사로 사건의 진행과 등장인물들의 생각을 알 수 있다.
- 지문: 등장인물들의 표정이나 행동을 지시한다. 대사의 앞이나 중간에, 괄호( ) 안에 쓴다.

(예) 다음은 『메리 포핀스』의 한 장면입니다.
제인과 마이클은 그들의 보모인 메리 포핀스와 함께 버스에서 내렸다. 제인이 물었다.
"혹시 집에 안 계시면 어떡하죠?"
"우리 삼촌은 너희와 나를 점심에 초대해 놓고 어디 놀러 가실 분이 아니야."
메리 포핀스는 기분이 상한 듯 말했다. 세 사람은 메리 포핀스의 삼촌인 위그 씨의 집에 가는 길이었다. 그들은 길모퉁이를 돌아 로버트슨 가 3번지로 갔다. 2층으로 올라가 문을 두드리자 크고 활기찬 목소리가 들려왔다.
"들어와요, 들어와! 대환영입니다!"
제인은 위그 씨가 집에 계셔서 다행이라고 생각했다.

이 부분을 극본으로 바꾸면 다음과 같이 되겠지요.

1. 해설
- 때: 어느 날 점심때쯤
- 장소: 위그 씨의 집 앞
- 등장인물: 제인, 마이클, 메리 포핀스, 위그 씨
- 상황 설명: 제인과 마이클, 메리 포핀스는 메리 포핀스의 삼촌 위그 씨의 점심 초대를 받고 위그 씨의 집으로 걸어가고 있다.

2. 대사와 지문
제인: (걸어가며 걱정스러운 표정으로) 혹시 위그 씨가 집에 안 계시면 어떡하죠?
메리 포핀스: (기분이 상한 듯한 말투로) 삼촌은 우리를 초대해 놓고 어디 놀러 가실 분이 아니야.
해설: 세 사람은 길모퉁이를 돌아 위그 씨 집 앞에 도착한다.
메리 포핀스: (문을 두드리며 큰 소리로) 삼촌, 우리 왔어요!
위그 씨: (활기찬 목소리로) 들어와요, 들어와. 대환영입니다!
제인: (마이클에게 속삭이듯) 휴, 위그 씨가 집에 계셔서 다행이다.

앞에서 읽은 〈돈키호테〉의 한 장면을 극본으로 바꾸어 봅시다.

해가 지는 저녁 돈키호테는 자신의 말 로시난테를 타고 터벅터벅 길을 가고 있었다. 로시난테는 몹시 지쳐 있었고, 돈키호테의 배 속에서는 꼬르륵거리는 소리가 나고 있었다.
마침 멀지 않은 곳에 자그마한 여관이 하나 있었다. 평범한 여관이었지만 돈키호테의 눈에는 그럴싸한 성으로 보였다. 여관 앞에는 옷차림이 단정하지 않은 여자 둘이 서 있었다.
"오, 아름다운 귀부인들!"
돈키호테는 정중히 인사하며 자신을 소개했다.
"부인들, 저는 기사도를 지키는 기사입니다."
여자들은 돈키호테가 입은 낡은 갑옷과 투구, 종이로 대충 만든 얼굴 가리개를 보자 웃음이 터져 나왔다.

때: 장소:

등장인물:

(상황 설명):

(대사와 지문)

글쓰기 연습 65

Week 3

눈의 여왕
로빈 후드
하이디
빨간 머리 앤
파브르 곤충기

11 눈의 여왕
깨진 거울 조각

　악마가 이상한 거울을 하나 만들었다. 좋은 것은 무조건 작게 비추어 보이지 않게 하고, 나쁜 것은 훨씬 크게 비추어 더 나빠 보이게 하는 힘을 가진 거울이었다. 그 거울은 아무리 아름다운 풍경도 추하게 보이게 했고, 사람들의 모습을 완전히 뒤틀리게 비춰서 누가 누구인지도 알아볼 수 없게 만들었다.

　악마는 자신이 만든 거울의 효과를 보고 무척 즐거워했다. 자신의 교활한 발명품이 아주 마음에 들었다. 악마는 학교를 운영하고 있었는데, 그 악마 학교에 다니는 학생들은 모두 자신들이 그 거울에 비춰본 놀라운 장면들을 마구 떠벌리고 다녔다. 악마는 어디든지 그 거울을 갖고 다녔다. 마침내 전 세계에는 이 뒤틀리고 이상하게 보이는 거울로 비춰보지 않은 사람이 없게 되었다.

　악마는 이제 거울을 가지고 하늘로 올라가 천사들을 비춰보고 싶었다. 그러나 높이 날아오를수록 거울이 점점 미끄러워져서 잡고 있기 힘들었다. 결국 악마는 거울을 놓쳐 버렸고, 땅에 떨어진 거울은 산산조각이 나고 말았다. 깨진 거울은 더 큰 불행을 가져왔다. 깨진 거울 조각 중 일부는 모래알보다 더 작게 부서져서 전 세계 모든 나라로 흩어져 날아간 것이다.

　먼지 알갱이보다 작은 거울 조각이 눈에 들어가면 그 사람은 그 순간부터 모든 사람과 사물의 나쁜 면만을 보게 되었다. 아무리 작은 거울 조각이라고 해도 원래의 거울과 똑같은 힘을 가졌기 때문이었다. 심장에 거울 조각이 박히면 정말 끔찍한 일이 벌어졌다. 그 사람의 심장이 얼음처럼 차갑게 얼어붙어 버렸다.

큰 거울 조각은 유리창으로 사용되기도 했고, 또 어떤 조각은 안경으로 만들어졌다. 무엇이든 있는 그대로 보지 못하게 했기 때문에 그 유리창을 통해 밖을 보거나 그 안경을 쓴 사람에게는 끔찍한 일이었다. 악마는 이 모든 소동을 지켜보며 배꼽이 빠지게 웃어 댔다. 시간이 흘러도 여전히 공기 중에는 조그만 거울 조각들이 수없이 떠다니고 있었다.

어느 날, 카이와 게르다가 함께 그림책을 보고 있었다. 둘은 오누이처럼 사이좋은 친구였다. 교회 시계가 열두 시를 알리는 종을 울렸다. 그와 동시에 카이가 비명을 질렀다.

"아야! 내 가슴을 뭔가가 찔렀어! 앗, 눈에도 뭐가 들어간 것 같아!"

게르다는 조심스레 카이의 눈을 들여다봤지만, 아무것도 보이지 않았다. 카이가 말했다.

"없어진 것 같아."

하지만 없어진 것이 아니었다. 카이의 눈과 가슴에 박힌 것은 바로 깨진 마법 거울 조각이었다.

작품 정보

『눈의 여왕』 (1845년), 한스 크리스티안 안데르센 지음

순수하고 따뜻한 마음을 가진 게르다가 눈의 여왕에게 잡혀간 친구 카이를 구하는 이야기입니다. 이 글은 이야기의 첫 부분으로 악마가 깨뜨린 마법 거울 조각 이야기입니다.

1. 다음은 사람들 사이의 관계를 나타내는 낱말들입니다. 알맞은 뜻을 찾아 줄로 이어 주세요.

① 오누이 ·   · ㉠ 언니와 여동생

② 자매 ·   · ㉡ 아버지와 딸

③ 모자 ·   · ㉢ 오빠와 여동생, 또는 누나와 남동생

④ 부녀 ·   · ㉣ 어머니와 아들

2. 악마가 만들어낸 거울에 대한 설명으로 틀린 것을 고르세요.

① 좋은 것은 더 크게 비추어 더 좋아 보이게 한다.

② 나쁜 것은 더 크게 비추어 더 나빠 보이게 한다.

③ 아름다운 풍경을 비추면 추하게 보인다.

④ 사람들의 모습을 뒤틀리게 비추어 누군지 알아볼 수 없게 한다.

3. 다음 빈칸에 알맞은 말을 쓰세요.

악마는 이제 거울을 가지고 하늘로 올라가 ☐☐☐을 비춰보고 싶었다. 하늘로 올라가던 악마가 놓친 거울은 땅에 떨어져 ☐☐☐☐이 나고 말았다. 깨진 거울 조각 일부는 전 세계 ☐☐☐☐로 흩어져 날아갔다.

4. 카이와 게르다의 이야기를 바르게 이해한 친구를 찾으세요.

① 카이와 게르다는 오누이 사이이다.

② 카이는 교회 종소리 때문에 비명을 질렀다.

③ 카이의 눈과 가슴에는 아무것도 들어가지 않았다.

④ 카이는 앞으로 사람과 사물의 나쁜 면만 보게 될 것이다.

5. 밑줄 친 곳에 알맞은 말을 넣어 이야기 내용을 간추려 보세요.

_____가 만든 _____이 작게 부서져 모든 나라에 흩어져 날아갔다. 그 거울 조각이 _____에 박히면 나쁜 면만 보게 되고 _____에 박히면 심장이 차갑게 얼어붙었다. 어느 날 _____의 눈과 가슴에 그 마법 거울 조각이 박혀 버렸다.

12 로빈 후드
할머니 옷을 입은 로빈 후드

"로빈 후드! 이 반역자, 항복하라!"

셔우드 숲의 영웅 로빈 후드를 알아본 히아퍼드 경이 소리쳤다. 로빈은 재빨리 근처에 있는 작은 집으로 피신했다.

로빈은 그 집으로 들어가 실을 잣고 있던 할머니를 안심시키면서 문과 창문을 막았다.

"두려워하지 마세요, 할머니. 저는 도둑이 아니라 할머니의 도움이 필요한 사람입니다."

"갑자기 이게 무슨 일이오? 당신은 누구요?"

할머니는 갑자기 나타난 로빈 후드를 보고 놀라서 물었다.

"저는 로빈 후드입니다. 히아퍼드 경에게 쫓기고 있어요."

"당신이 로빈이라고요?"

할머니는 두 손을 맞잡으며 소리쳤다.

"고귀하고 자비로운 로빈! 당신에게 은혜를 갚을 수 있게 되다니, 하나님 정말 감사합니다. 저를 모르시겠어요? 2년 전에 병이 들어 이 누추한 집에 누워 있던 저를 발견하고는 따뜻하게 위로해 주고, 먹을 것과 입을 것은 물론 돈까지 주셨잖아요. 그날부터 저는 날마다 당신을 위해 기도했답니다. 기꺼이 당신을 돕겠습니다."

"고맙습니다, 할머니."

로빈은 할머니의 손을 잡고 말했다.

"히아퍼드 경은 오십 명의 병사들을 시켜 저를 쫓고 있습니다. 저는 혼자고요. 당장 저들에게서 도망칠 방법을 찾아야 합니다."

"어떻게 하면 좋을까요?"

"저, 죄송하지만 저와 옷을 바꿔 입으실 수 있을까요? 제가 병사들을 속일 수 있도록 변장을 하겠습니다."

두 사람이 서둘러 옷을 바꿔 입자마자 병사들이 들이닥쳤다. 로빈 후드의 녹색 옷을 입은 사람이 그 집을 빠져나가려 하자 당장 포위하라는 명령이 떨어졌다. 병사들은 얼굴도 제대로 확인하지 않고 녹색 옷을 입은 반역자를 체포했다. 누구도 한쪽 구석에서 노파 옷을 입고 웅크리고 있는 로빈을 눈여겨보지 않았다. 대담하게도 진짜 로빈은 할머니 목소리를 흉내 내어 잡힌 사람에게 자비를 베풀라고 했으나 아무도 귀 기울이지 않았다.

히아퍼드 경은 부하들에게 약속의 나무로 가서 죄수를 교수형에 처하라고 했다. 말을 탄 병사들이 녹색 옷을 입은 반역자를 데리고 사라지자 로빈도 약속의 나무를 향해 달려갔다. 로빈은 부하들을 만나 자초지종을 설명한 뒤 옷을 갈아입고 뿔나팔을 불었다. 로빈은 나팔 소리를 듣고 나타난 부하들과 함께 할머니를 구해냈다.

작품정보

『로빈 후드』 (1845년), 알렉상드르 뒤마 지음

영국 전설 속의 인물 로빈 후드 이야기를 프랑스 소설가 알렉상드르 뒤마가 엮은 것입니다. 이 부분은 로빈 후드가 착한 할머니의 도움으로 위기에서 빠져나오는 장면입니다.

1. 다음 낱말들의 뜻을 찾아 줄로 이어주세요.

① 반역자 ・　　　　・ ㉠ 통치자에게서 나라를 다스리는 권한을 빼앗으려고 하는 사람

② 영웅 ・　　　　・ ㉡ 주위를 에워쌈

③ 포위 ・　　　　・ ㉢ 지혜와 재능이 뛰어나고 용맹하여 보통 사람이 하기 어려운 일을 해내는 사람

④ 자비 ・　　　　・ ㉣ 남을 깊이 사랑하고 가엾게 여김

2. 각 인물에 대한 설명이 맞으면 O표, 틀리면 X표 하세요.

① 로빈 후드: 셔우드 숲의 영웅으로 히아퍼드 경에게 쫓기고 있었다. (　)

② 히아퍼드 경: 부하들에게 로빈 후드를 그 자리에서 바로 처형하라고 했다. (　)

③ 할머니: 로빈 후드를 도와주려고 옷을 바꿔 입었다. (　)

④ 병사들: 할머니 집에서 로빈 후드 얼굴을 알아보고 체포했다. (　)

3. 할머니가 로빈과 옷을 바꿔 입은 까닭을 고르세요.

① 로빈의 녹색 옷이 마음에 들어서

② 갑자기 나타난 로빈 후드를 보고 놀라서

74　Week 3

③ 병사들이 들이닥쳐 할머니를 협박해서

④ 로빈 후드에게 2년 전의 은혜를 갚고 싶어서

4. 로빈 후드가 한 행동을 보고 로빈 후드가 어떤 성격인지 고르세요.

① 할머니에게 자신이 누구인지, 어떤 상황인지 알리며 안심시킨다.
(무례하다 / 예의바르다)

② 병사들을 속이기 위해 할머니와 옷을 바꿔 입고 변장한다.
(지혜롭다 / 어리석다)

③ 병들어 누워 있는 할머니를 위로하고 먹을 것과 입을 것, 돈을 주었다.
(포악하다 / 자비롭다)

④ 병사들에게 할머니 목소리를 흉내 내어 자비를 베풀라고 말한다.
(대담하다 / 소심하다)

5. 밑줄 친 곳에 알맞은 말을 넣어 이야기 내용을 간추려 보세요.

_____에게 쫓기던 로빈 후드는 할머니 집으로 피신했다. _____는 2년 전 로빈 후드에게 받은 은혜를 갚기 위해 로빈 후드와 옷을 바꿔 입고 병사들에게 체포됐다. 무사히 도망친 _____는 부하들을 데리고 가 할머니를 구해냈다.

13 하이디
페터네 할머니를 만났어요

하이디는 할아버지의 썰매를 타고 페터네 집 앞까지 왔다. 할아버지는 어두워지면 집으로 돌아와야 한다고 말하고 썰매를 돌려 집 쪽으로 올라갔다. 하이디는 페터네 집 문을 열었다. 페터네 집은 거의 허물어져 가는 초라하고 좁은 오두막이었다.

집 안에는 페터의 옷을 꿰매고 있는 페터의 엄마와 물레를 돌리고 있는 등이 굽은 할머니가 있었다. 하이디는 페터 할머니 곁으로 다가가며 말했다.

"안녕하세요, 할머니! 제가 왔어요. 저를 보고 싶어 하셨죠?"

할머니는 고개를 들고 손을 더듬어 하이디의 작은 손을 잡더니 잠깐 생각해 본 뒤 말했다.

"알프스 할아버지의 손녀로구나. 하이디라고 했지?"

"네, 맞아요. 할아버지가 썰매로 데려다주셔서 왔어요."

"정말이니? 놀랍구나. 난 어린 여자애가 알프스 할아버지 집에서 3주 이상 견디기 힘들 거라고 생각했단다. 브리지트, 하이디가 어떻게 생겼는지 말해 다오."

페터의 엄마는 하이디를 자세히 살펴본 뒤 대답했다.

"그 애 엄마처럼 보기 좋게 말랐어요. 하지만 검은 눈과 곱슬머리는 그 애 아빠를 똑 닮았네요. 엄마 아빠를 골고루 닮은 것 같아요."

그 사이 집 안 구석구석을 살펴보던 하이디가 말했다.

"할머니, 바람이 불 때마다 저 덧문이 계속 덜커덩거려요. 할아버지께 말씀드리면 못질을 해서 단단히 고정해 주실 거예요. 곧 유리창이 깨질 것 같으니 빨리 손을 봐야 해요."

"애야, 나는 앞을 볼 수가 없단다. 하지만 그 소리는 내게도 들리지. 덧문뿐 아니라 이 집에 있는 모든 것들이 바람이 불 때마다 덜컹거린단다. 가끔 나는 한밤중에 집이 무너져서 우리 세 식구가 모두 깔려 죽을까봐 걱정이란다. 하지만 집을 고칠 사람이 없어."

할머니가 한숨을 내쉬며 말했다.

"할머니, 제가 할아버지한테 다 말씀드릴게요. 할아버지가 고쳐 주실 거예요."

하이디는 페터 할머니에게 목초지에서 염소들과 있었던 일, 할아버지와 지내는 이야기, 최근 할아버지가 만든 물건 이야기 들을 쉬지 않고 들려 드렸다.

집으로 돌아간 하이디는 할아버지에게 페터네 집수리를 부탁했다. 다음 날부터 할아버지는 페터네 집을 구석구석 튼튼하게 고쳐 주었다. 그제야 할머니는 마음 편히 잠들 수 있었고, 이게 다 알프스 할아버지 덕분이라고 날마다 칭찬했다.

작품정보

『하이디』 (1880~1881년), 요한나 슈피리 지음

산골 마을에서 할아버지와 단둘이 살아가는 순수한 아이 하이디의 이야기입니다. 이 부분은 하이디가 페터 할머니의 말동무가 되어드리고 할아버지에게 부탁해 페터의 집수리까지 해주는 내용입니다.

1. 다음 중 '물레'의 뜻으로 맞는 것을 고르세요.

　① 사람이 겨우 들어가 살 정도로 작게 지은 집

　② 문짝 바깥쪽에 덧대는 문

　③ 솜이나 털 따위의 섬유를 자아서 실을 만드는 간단한 재래식 기구

　④ 얼음판이나 눈 위에서 사람이나 물건을 싣고 끄는 기구

2. 페터네 집에 대한 설명으로 틀린 것을 고르세요.

　① 페터네 집은 허물어져 가는 초라하고 좁은 집이었다.

　② 페터네 집에는 네 식구가 함께 살고 있었다.

　③ 페터네 집에서는 바람이 불 때마다 덜컹거리는 소리가 났다.

　④ 페터네 집에는 집을 고칠 사람이 없었다.

3. 페터 할머니가 페터 엄마에게 하이디가 어떻게 생겼는지 물어본 까닭을 쓰세요.

4. 빈칸에 들어갈 낱말을 보기에서 골라 쓰세요.

> **보기**
> 페터   페터 할머니   엄마 아빠   알프스 할아버지   하이디

① _____는 어린 여자애가 알프스 할아버지 집에서 견디기 힘들 거로 생각했다.

② 페터 엄마는 하이디가 _____를 골고루 닮은 것 같다고 했다.

③ 페터 할머니는 마음 편히 잠들 수 있게 된 게 _____ 덕분이라고 칭찬했다.

5. 밑줄 친 곳에 알맞은 말을 넣어 이야기 내용을 간추려 보세요.

_____는 할아버지의 _____를 타고 페터네 집에 갔다. 하이디는 앞을 못 보는 _____에게 재미있는 이야기를 들려드리고 집으로 돌아왔다. 하이디의 부탁으로 _____가 페터네 집을 수리해 주었다.

14 빨간 머리 앤
초록 머리 앤

   모임을 끝내고 초록 지붕 집으로 돌아오는 마릴라는 기분이 좋았다. 앤이 온 이후로는 더 이상 온기 없는 집이 아니었기 때문이다. 부엌에는 장작불이 기분 좋게 타오르고 식탁에 따뜻한 차가 준비되어 있을 것이었다.

   그러나 부엌에 들어서자 불도 꺼져 있고 앤의 기척도 없었다. 마릴라는 너무 실망스러웠다. 다섯 시에 차 마실 준비를 해 놓으라고 앤에게 말해 두었는데, 차를 마시기는커녕 자기 손으로 서둘러 식사 준비를 해야 했다. 마릴라는 밭에서 일을 마치고 저녁을 먹으러 돌아온 매슈에게 화난 목소리로 말했다.

   "앤이 돌아오면 야단 좀 쳐야겠어요. 다이애나와 허튼짓하고 돌아다니느라 시간이 가는지도 모르고 자기 할 일을 까맣게 잊고 있어요. 집안일을 돌보라고 말을 해놓았는데도 이렇게 집을 비우는 건 말이 안 돼요. 그 애가 가끔 실수는 하지만 내 말을 안 듣는다고 생각한 적은 없었는데 정말 실망이에요."

   마릴라는 매슈에게 앤에 대해 실망한 이야기를 하면서 저녁 준비를 끝냈다. 날이 어두워지도록 앤은 돌아오지 않았다. 저녁 식사를 마친 마릴라는 말없이 설거지를 하고 그릇들을 치웠다. 그리고 2층에 올라갔다가 앤이 자기 방에서 베개에 얼굴을 파묻고 침대에 엎드려 있는 것을 발견했다. 깜짝 놀란 마릴라는 앤에게 물었다.

"세상에! 여기서 자고 있던 거니, 앤?"

앤은 우물거리며 말했다.

"아뇨."

"그럼 어디 아픈 거니?"

마릴라가 걱정스러운 듯 침대로 다가가며 물었다. 앤은 영원히 숨어 버리려는 것처럼 자기 베개 속으로 더 깊이 파고들었다.

"아녜요. 하지만 제발 마릴라 아주머니, 절 쳐다보지 마시고 가 주세요. 전 절망의 늪에 빠져 있어요. 이제 다시는 어디에도 가지 못할 거예요. 제 인생은 이제 끝이에요. 제발 아주머니, 절 보지 말고 그냥 가세요."

마릴라는 앤이 무슨 소리를 하는 건지 알 수 없었다.

"앤 셜리, 대체 무슨 일이니? 무슨 짓을 했는지 당장 일어나서 얘기하거라."

앤은 슬그머니 침대에서 내려와 기어들어가는 목소리로 말했다.

"제 머리를 보세요, 마릴라 아주머니."

마릴라는 촛불을 높이 들고 앤의 머리카락을 들여다보았다. 빨갛던 앤의 머리는 해괴한 초록색이 되어 있었다. 빨간 머리가 싫었던 앤은 그날 오후 초록 지붕 집에 찾아온 행상에게 속아 아름다운 검은 머리로 만들어 준다는 염색약을 샀던 것이다. 일주일 동안 매일매일 머리를 감아도 초록 물이 빠지지 않자 결국 마릴라는 앤의 머리를 짧게 잘라 주었다.

작품 정보

『빨간 머리 앤』 (1908년), 루시 모드 몽고메리 지음

감성이 풍부한 소녀 앤 셜리가 마릴라와 매슈의 집으로 오게 되면서 멋지게 성장해가는 이야기입니다. 이 부분은 앤이 염색을 잘못해 초록 머리가 되어 크게 좌절하는 내용입니다.

1. 다음 낱말들의 뜻을 찾아 줄로 이어주세요.

① 온기 ・　　　・ ㉠ 누가 있는 줄을 짐작하여 알 만한 소리나 기색

② 기척 ・　　　・ ㉡ 따뜻한 기운

③ 절망 ・　　　・ ㉢ 이리저리 돌아다니며 물건을 파는 사람

④ 행상 ・　　　・ ㉣ 바라볼 것이 없게 되어 모든 희망을 끊어 버림

2. 마릴라가 집으로 돌아오는 길에 기분이 좋았던 까닭이 아닌 것을 고르세요.

① 집에 앤이 있을 것이라 기대해서

② 모임에서 좋은 소식을 들었기 때문에

③ 부엌에 장작불이 타오르고 있을 것이라 생각해서

④ 따뜻한 차를 마실 수 있을 거라는 생각에

3. 다음은 마릴라가 앤에게 실망한 까닭입니다. 빈칸에 알맞은 말을 차례대로 고르세요.

다이애나와 _____ 하고 돌아다니느라 자기 할 일을 까맣게 잊고 있어요. _____ 을 돌보라고 말을 해놓았는데도 이렇게 집을 비우

82　Week 3

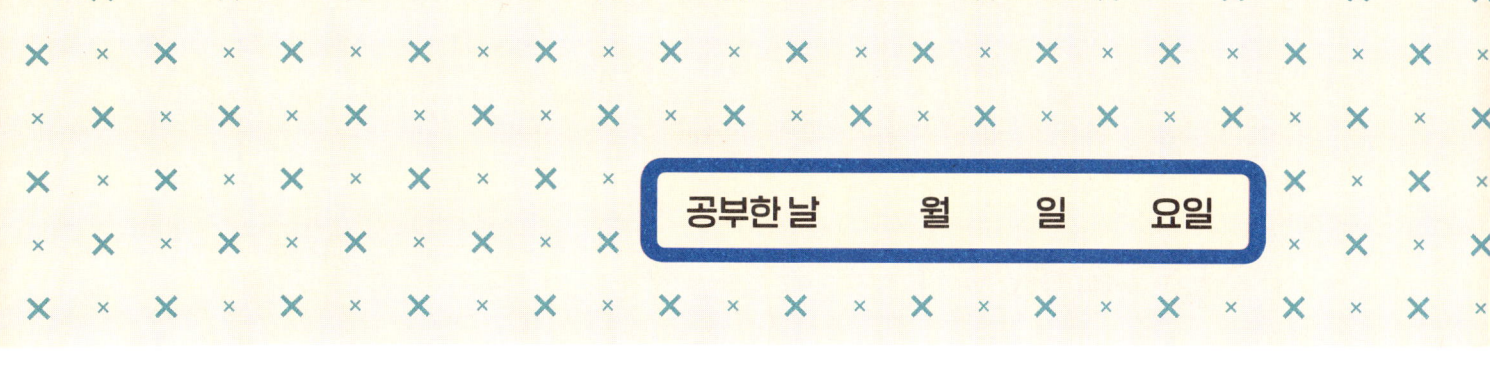

는 건 말이 안 돼요. 그 애가 내 말을 안 듣는다고 생각한 적은 없었는데 정말 실망이에요.

① 숙제-집안일
② 허튼짓-동물들
③ 허튼짓-집안일
④ 집안일-동물들

4. 시간의 흐름을 생각해 보고, 일이 일어난 순서대로 ( ) 안에 번호를 쓰세요.

① 마릴라가 모임에서 돌아와 보니 앤이 집에 없어 화가 났다. ( )

② 마릴라가 앤의 머리를 짧게 잘라 주었다. ( )

③ 자신의 빨간 머리가 싫었던 앤이 머리를 염색했다. ( )

④ 앤이 해괴한 초록색 머리를 보고 절망해 방에 틀어박혀 있었다. ( )

5. 밑줄 친 곳에 알맞은 말을 넣어 이야기 내용을 간추려 보세요.

_____는 앤이 _____을 안 해놓고 놀러 다니는 줄 알고 화를 냈다. 하지만 _____은 염색한 머리가 해괴한 _____이 되자 절망해 자기 방에 틀어박혀 있었다. 그래서 마릴라는 앤의 머리를 짧게 잘라주었다.

15 파브르 곤충기
노예 사냥꾼 붉은병정개미

처음 연구를 시작했을 때

식구들이 모두 잠든 어느 겨울밤, 나는 난롯가에서 책을 읽고 있었다. 그때 나는 대학의 학사 자격증을 여러 개 받고 25년 동안이나 교사로 근무하며 공로를 인정받았다. 그런데도 나는 아주 적은 보수를 받고 있어서 가난한 교사의 괴로움을 잊기 위해 책을 읽었다. 그 무렵 우연히 손에 잡힌 것이 곤충에 관한 책이었다. 그 책은 당시 곤충학계의 대부 레옹 뒤프레가 비단벌레를 잡아먹는 사냥벌의 습성에 관해 쓴 책이었다.

나도 어린 시절에는 딱정벌레의 딱딱한 날개, 산호랑나비의 아름다운 날개 빛깔에 마음을 빼앗겼었다. 항상 곤충에 관심은 많았지만 연구할 기회가 없었을 뿐이었다. 레옹 뒤프레의 책이 곤충 연구를 하고 싶다는 마음을 다시 일깨워주었다. 내 정신의 눈을 뜨게 해 준 셈이었다.

동물학은 장수풍뎅이나 하늘소처럼 아름다운 갑충류 들을 코르크 상자 속에 늘어놓고, 각각 이름을 붙여서 분류하는 것만은 아니다. 동물 몸 전체의 생김새나 활동하는 모습에 관해 깊이 연구해야 할 필요가 있었다.

얼마 후 나는 곤충학에 관한 첫 번째 연구를 발표하게 되었다. 레옹 뒤프레의 연구를 한층 더 깊이 파고들어간 결과였다. 그 논문으로 나는 학술상과 상금도 탔고, 뒤프레 선생님으로부터 격려의 편지를 받는 영광까지 안았다.

붉은병정개미

내 연구소에 있는 곤충 중에서 가장 특이한 것은 노예 사냥을 잘하는 붉은병정개미이다. 이 녀석들은 새끼 기르는 법도 잘 모르고 먹이 찾는 일에도 서투른 데다, 아주 가까운 곳에 있는 먹이도 가져올 줄 모른다.

그래서 이들에게는 먹이를 가져다주거나 집안일을 해줄 심부름꾼이 필요하다. 붉은병정개미는 남의 새끼를 훔쳐다가 자기들의 심부름꾼으로 쓴다. 근처에 있는 개미집을 습격해서 번데기를 잡아오는 것이다. 이 번데기가 깨어나면 붉은병정개미의 심부름꾼이 된다.

6, 7월 무더위가 시작되면 붉은병정개미는 노예 사냥을 나선다. 해가 지고 노을이 물들기 시작할 무렵 나타나는 사냥 행렬의 길이는 5, 6미터나 되는데, 도중에 특별한 사건이 없는 한 질서 있게 움직인다.

그러나 어쩌다 반불개미의 집이라도 있으면 앞에 섰던 개미들이 행진을 멈추고 큰일이 난 것처럼 주변으로 흩어진다. 그러면 다른 부대가 뒤따라 달려와서 개미 떼는 더욱 많아진다. 이 많은 개미 떼가 들판의 작은 길, 잔디밭, 낙엽이 쌓인 산속을 수색해 반불개미의 잠자리를 찾아내서 일꾼으로 키울 번데기를 잡아 오는 것이다.

작품정보

『파브르 곤충기』 (1879년~1907년), 장 앙리 파브르 지음

파브르가 30여 년간 곤충을 관찰하고 연구한 결과를 펴낸 책입니다. 이 부분은 파브르가 곤충 연구를 시작하게 된 계기와 붉은병정개미 이야기를 엮은 것입니다.

1. 다음 낱말들의 뜻을 찾아 줄로 이어주세요.

① 학사 ·　　　　　　· ㉠ 대학의 학부 과정을 마치고 규정된 절차를 밟은 사람에게 수여하는 학위

② 공로 ·　　　　　　· ㉡ 어떤 분야에서, 영향력이 가장 큰 남자 지도자

③ 보수 ·　　　　　　· ㉢ 일을 마치거나 목적을 이루는 데 들인 노력과 수고

④ 대부 ·　　　　　　· ㉣ 일한 대가로 주는 돈이나 물품

2. 파브르가 본격적으로 곤충 연구를 하게 되기까지 한 일입니다. 빈칸을 채워 보세요.

어린 시절	딱정벌레, 산호랑나비 등 ☐☐에 관심이 많았다.
교사 시절	대학의 ☐☐ 자격증을 여러 개 받았다.
	25년간 교사로 근무했다.
	가난한 교사의 ☐☐☐을 잊기 위해 책을 읽었다.
	☐☐☐☐☐의 책을 읽고 곤충 연구를 하기로 결심했다.

3. 파브르가 생각한 동물학은 어떤 것이었나요? 맞는 낱말을 골라 ○표 하세요.

> 동물학은 아름다운 갑충류 들을 코르크 상자 속에 늘어놓고 이름을 붙여 **(분류 / 관찰)**하는 것만은 아니다. 동물 몸 전체의 생김새나 **(번식 / 활동)** 하는 모습을 깊이 연구해야 한다.

4. 붉은병정개미에 대해 잘못 알고 있는 친구를 고르세요.

① 수민: 붉은병정개미는 새끼 기르는 법을 잘 모른대.

② 찬호: 맞아, 그래서 자기들 일을 대신 해줄 노예가 필요하대.

③ 민지: 붉은병정개미들은 6, 7월에 노예 사냥에 나선다더라.

④ 지호: 무더위가 한창인 대낮에 사냥을 나간다면서?

5. 밑줄 친 곳에 알맞은 말을 넣어 이야기 내용을 간추려 보세요.

> 어려서부터 곤충에 관심이 많았던 _____는 25년 동안 교사로 근무하다가 _____의 책을 읽고 _____를 하기로 결심했다. _____는 다른 개미의 번데기를 훔쳐다가 일꾼으로 키운다.

고전 속으로

11. 『눈의 여왕』

『눈의 여왕』은 안데르센이 1845년에 발표한 동화이다. 안데르센의 아버지가 전쟁에 참전 후 정신질환을 앓고 안데르센이 열한 살이 되던 해 사망하자 안데르센은 충격과 슬픔에 휩싸였다. 안데르센의 어머니는 그에게 '눈의 요정이 아버지를 데려갔다'고 이야기한다. 훗날 이런 슬픈 기억을 토대로 『눈의 여왕』이란 작품이 나오게 됐다고 한다.

어느 작은 도시에 카이라는 남자아이와 게르다라는 여자아이가 살았다. 둘은 단짝 친구여서 함께 놀며 사이좋게 지낸다. 그러던 어느 날, 카이의 눈과 마음에 악마의 거울 조각이 박히고 만다. 그날부터 카이는 못된 아이로 변해 갔다. 그해 겨울, 카이가 눈밭에서 썰매를 타며 노는데, 눈의 여왕이 나타나 카이를 자신의 성으로 데려가 버린다. 봄이 되자 게르다는 카이를 찾아 길을 떠난다. 갑자기 사라져 버린 친구를 찾아 길을 떠나는 게르다는 갖은 고난과 역경을 만나지만, 친구를 구하겠다는 마음으로 이겨내며 마침내 눈의 여왕의 궁전에 도착한다.

12. 『로빈 후드』

『로빈 후드』는 19세기 미국 태생의 역사 동화 작가 하워드 파일이 1100년과 1200년 사이에 살았다고 전해지는 영국의 전설적 인물 '로빈 후드'에 대해 써 내려간 소설이다. 하워드 파일은 기존에 흩어져 있던 많은 에피소드를 흥미 있

게 연결하고 다듬어지지 않은 이야기들을 일정한 형식을 갖추어 썼다.

셔우드 숲에서 왕의 사슴 한 마리를 죽인 로빈 후드는 어쩔 수 없이 범법자가 되어 숲으로 들어가 의적이 된다. 무술과 활 솜씨가 뛰어난 로빈 후드는 가족을 먹여 살리기 위하여 왕의 사슴을 사냥했거나 돈을 빼앗겼거나 부당하게 세금을 많이 내어 가난해진 사람들과 뜻을 같이하여 부자들과 힘 있는 사람들한테서 재물을 빼앗아 가난한 사람을 도와주기로 결의한다. 그리고 자신들을 '로빈 후드와 유쾌한 사람들'이라고 이름을 붙이고 포악한 관리와 욕심 많은 귀족이나 성직자들의 재산을 빼앗고 그들의 횡포를 응징하며 가난한 백성들을 돕는다.

13. 『하이디』

작가 요한나 슈피리는 평소 아이들을 독립적인 인격체로 존중하고 자연의 힘으로 키워야 한다는 철학을 고수했고 그 정신을 『하이디』라는 아름다운 문학 작품으로 승화시켰다. 맑고 청명한 스위스 산골, 그곳에서 자유분방하게 자라나는 알프스 소녀 하이디. 소설 『하이디』가 발표된 후 전 세계인들은 대자연을 만나기 위해 알프스를 찾았고, 『하이디』는 스위스를 대표하는 문학 작품이 되었다.

꽃들에게 감탄을 보내고, 치즈와 빵, 염소젖 우유에 행복을 느끼며, 별빛 아래 건초 침대에서 꿀잠을 자는 소녀. 하이디가 하는 말과 하이디가 하는 행동, 하이디가 전하는 이야기는 그 자체로 알프스와 같다. 투명하고 정직하며 생기가 넘치고, 선하고 밝은 에너지가 넘쳐흐른다. 자연이 인간에게 주는 많은 것들, 그것을 오롯이 나눠주는 존재가 바로 하이디다. 알프스의 대자연 속에서 육체와 정신을 가꾸며 건강하게 성장해 나가는 하이디로 인해 주변 사람들 역시 성장한다.

14. 『빨간 머리 앤』

1908년 처음 출간된 『빨간 머리 앤』은 루시 모드 몽고메리의 데뷔작이자 대표작으로, 캐나다 프린스에드워드섬에서 펼쳐지는 앤의 성장기를 담고 있다. 작가 몽고메리는 프린스에드워드섬에서 나고 자랐다. 생후 21개월 만에 어머니를 잃고 캐번디시에서 우체국을 경영하는 외조부모의 손에 맡겨져 자랐는데, 아름다운 자연 속에서 뛰놀며 섬세한 감수성과 작가적 재능을 키웠다. 열한 살에 우연히 이웃 독신 남매의 집에 어린 조카딸이 와서 사는 것을 보고 짧은 글을 썼던 것이 훗날 『빨간 머리 앤』의 모티브가 되었다.

고아원에서 생활하던 열한 살 소녀 앤 셜리는 에이번리의 초록 지붕 집으로 입양된다. 독신 남매 마릴라와 매슈는 농장 일을 도와줄 남자아이를 원했지만, 중간에서 벌어진 실수로 여자아이인 앤이 오게 된 것이다. 주근깨투성이에 빨간 머리, 외모에 대한 불만도 많지만 삶과 자연의 아름다움을 자신만의 눈으로 볼 줄 아는 앤은 마릴라와 매슈의 사랑을 통해 아름다운 사람으로 성장해 나간다.

15. 『파브르 곤충기』

파브르가 오랜 세월에 걸쳐 완성한 곤충 관찰 기록으로, 곤충의 행동과 습성이 기록되어 있다. 부제는 '곤충의 본능과 습성에 관한 연구'이다. 1879년에 『곤충기』 1권이 출간된 후, 1907년에 10권이 출간되었다.

어려서부터 곤충에 관심이 많았던 장 앙리 파브르는 힘든 가운데도 일생을 곤충 연구에 바쳐 『곤충기』를 탄생시켰다. 곤충을 탐구할 때 파브르는 특유의 검은색 모자에 소박한 옷차림으로 종종 길가에 엎드려 곤충을 관찰하는 바람에 주위 사람들로부터 광인 취급을 받았다고 한다. 끈질긴 관찰과 실험을 통해 파브르는 자신의 눈으로 직접 본 것만을 기록했다. 파브르의 끈기는 쇠똥구리를 연구하는 데 40년이 걸렸다는 것만 봐도 어느 정도인지 잘 알 수 있다. 평소 우리가 무심코 지나치는 작은 곤충들의 생태를 쉽고 아름다운 표현으로 써 누구나 재미나게 읽을 수 있다. 파브르가 평생에 걸쳐 끊임없는 관찰과 노력을 통해 완성한 소중한 기록으로, 다양한 곤충들에 관한 교과서 같은 책이다.

글쓰기 연습 3

전기문(자서전) 쓰기

『파브르 곤충기』에는 곤충을 관찰한 기록뿐 아니라 파브르가 어떻게 살았는지 알 수 있는 글도 있습니다. 이처럼 자신이 살아온 이야기를 쓴 글을 자서전이라고 합니다. 내가 살아온 이야기를 자서전으로 써 봅시다.

자서전은 어떻게 쓸까요?

1. 자신이 어떤 사람인지 생각해 보고 한두 가지 특징을 고릅니다.
2. 앞에서 고른 특징과 관련 있는 사건들을 시간 순서대로 씁니다.
3. 있었던 일과 그 일 때문에 내가 달라진 점 또는 느낀 점을 씁니다.

1. 지금의 나는(내 소개)

나는 올해 ○○초등학교 5학년이 되었다. 나는 그림도 잘 그리고 공부도 꽤 잘하는 편이지만, 가장 잘하는 것은 동물들을 돌보는 것이다.

2. 내가 겪은 중요한 사건(느낀 점, 달라진 점)

- **태어났을 때:** 나는 2013년 10월 9일에 인천에 있는 ##산부인과에서 태어났다. 나는 한글날에 태어나서 누가 내 생일을 물어보면 그 얘기를 꼭 한다.

- **아기 때:** 돌잔치 때 나는 판사봉과 마이크를 잡았다고 한다. 그래서 어른들은 내가 욕심이 많다면서 나중에 판사나 아나운서가 될 거라고 했다는데 지금은 판사나 아나운서에 별로 관심이 없다.

- **어린이집, 유치원 때:** @@유치원 때 어린이동물원으로 체험학습을 갔던 게 기억난다. 사막여우를 보고 싶었는데 계속 잠만 자고 있어서 쪼그리고 앉아서 언제 일어나나 한참 기다렸다. 알고 보니 사막여우는 야행성이라 낮에는 잔다고 했다.

- **초등학교 때:** 나는 2020년에 **초등학교에 입학했다. 2학년 때 시골 할아버지 댁 개 흰둥이가 새끼를 낳았다. 너무 귀여워서 한 마리만 우리 집에서 키우자고 부모님께 졸랐다. 나는 흰둥이와 놀아주기도 잘하고 흰둥이도 내 말을 잘 들으니, 강아지도 잘 키울 수 있다고 했다. 하지만 부모님은 우리 집이 아파트여서 안 된다고 하셨다. 너무 아쉬웠다.

- **앞으로의 다짐이나 꿈:** 우리 집이 주택으로 이사하면 강아지를 꼭 기를 것이다. 아니면 어른이 되어 독립하면 키울 수도 있다. 내가 키우지 못하더라도 수의사나 애완동물 미용사가 되어 내가 좋아하는 동물들을 항상 돌봐주는 일을 하고 싶다.

제목:
_____

(지금의 나)
_____
_____
_____
_____

(태어났을 때)
_____
_____
_____
_____

(유치원 때)
_____
_____
_____
_____

(초등학교 때)
_____
_____
_____

(앞으로의 다짐이나 꿈)
_____
_____
_____

Week 4

그리스·로마 신화
로미오와 줄리엣
노인과 바다
해저 2만 리
로빈슨 크루소

16 그리스 로마 신화
헤라클레스의 열두 가지 과업

헤라클레스는 가장 높은 신 제우스와 인간인 알크메네 사이에서 태어났다. 제우스는 영웅 중에서도 가장 뛰어난 영웅을 낳기 위해 알크메네를 선택했다.

제우스가 다른 여인에게서 아들을 낳게 될 거라는 사실에 화가 난 헤라는 헤라클레스의 탄생을 늦춰 운명을 바꾸었다. 그 결과 제우스의 예언이 빗나가 헤라클레스가 아닌 에우리스테우스가 미케나이의 왕이 되었다.

그러나 헤라클레스는 엄청난 힘과 뛰어난 예지력으로 어려서부터 수많은 힘든 일을 해냈다. 그는 다양한 싸움 기술과 지혜를 얻으며 성장했지만, 성질이 급했고 분별력을 잃으면 자신의 괴력을 조절할 줄 몰랐다. 영웅이 되기에는 너무 거칠었다.

청년이 된 헤라클레스는 메가라와 결혼해 세 명의 자식을 얻고 행복하게 살았다. 그런데 그 행복을 가만히 두고 볼 수 없었던 헤라는 그에게 광기를 불어넣었다. 잠시 미쳐버린 헤라클레스는 자기 자식들을 모두 죽여 버렸다.

제정신이 돌아온 헤라클레스는 자신이 저지른 처참한 일에 기가 막혔다. 아내와도 헤어지고 죄책감에 시달리던 헤라클레스는 델포이 신전에 가서 자신의 죄를 씻으려면 어찌해야 하는지 신탁을 받았다. 그에게 내려진 신탁은 미케나이의 왕 에우리스테우스를 섬기고, 왕이 내려주는 열두 가지 과업을 달성하면 자유로운 몸이 될 수 있다는 것이었다.

헤라클레스는 미케나이의 왕 에우리스테우스를 찾아갔다. 그는 헤라클레스를 못마땅하게 여기는 한편 속으로는 헤라클레스를 두려워했다. 에우리스테우스는 어떻게든 헤라클레스를 없애기 위해 인간으로서는 도저히 이룰 수 없는 열두 가지 과업을 내렸다. 모두 헤라클레스가 자신의 목숨을 걸어야 할 정도로 위험한 것들이었다.

첫 번째 과업은 네메아 계곡에 사는 괴물 사자의 가죽을 벗겨 오라는 것이었다. 두 번째 과업은 머리가 아홉 개 달린 물뱀 히드라를 처치하는 일이었다. 머리를 잘라내도 계속 새로운 머리가 자라나는 괴물이었다. 헤라클레스는 둘 다 성공했다. 이후 아르테미스 여신의 황금 뿔 사슴을 잡아 오고, 거대한 멧돼지를 잡아 왔다. 엄청나게 넓은 가축우리를 하루 만에 청소하고, 미친 황소와 식인 말을 잡아 오는 과업도 성공했다. 아마존족 여왕의 허리띠를 뺏어오고, 괴물 게리온의 붉은 소를 잡아 왔으며, 헤스페리 동산의 황금 사과를 따는 것까지 모두 해냈다. 마지막 열두 번째 과업은 저승의 입구를 지키는 개인 케르베로스를 산 채로 잡아 오는 것이었다. 케르베로스는 머리가 셋인 데다가 등에는 온갖 종류의 뱀을 달고, 용의 꼬리를 가진 무시무시한 괴물이었다. 그런데도 헤라클레스는 무기도 사용하지 않고 두 손으로 목을 단단히 졸라 케르베로스를 사로잡았다.

헤라클레스는 에우리스테우스의 열두 과업을 완수해 내고 자유의 몸이 되었다. 마침내 자식을 죽인 죄를 씻어낼 수 있었다.

작품정보

『그리스·로마 신화』 (1855년), 토마스 불핀치 지음

오래전부터 전해져 내려오던 그리스와 로마 신들의 이야기를 체계적으로 정리한 책입니다. 이 부분은 헤라클레스가 열두 가지 과업을 받은 이유와 그 모든 일을 이루어 낸 이야기입니다.

1. 다음 중 '신이 자신의 뜻을 나타내거나 인간의 물음에 대답하는 일'이라는 뜻의 낱말을 고르세요.

① 신탁　② 신전　③ 신화　④ 과업

2. 헤라클레스에 대한 설명으로 틀린 것을 고르세요.

① 제우스와 알크메네 사이에서 태어났다.

② 헤라의 저주를 받았다.

③ 엄청난 힘과 뛰어난 예지력을 가졌다.

④ 미케나이의 왕이 되었다.

3. 다음 빈칸에 알맞은 말을 넣으세요.

미케나이의 왕 ☐☐☐☐☐☐는 헤라클레스를 ☐☐기 위해 인간으로서는 도저히 할 수 없는 ☐☐ 가지 과업을 내렸다.

4. 헤라클레스의 열두 과업이 아닌 것을 고르세요.

① 네메아 계곡에 사는 괴물 사자의 가죽을 벗겨 오는 일

② 머리가 아홉 개 달린 물뱀 히드라를 처치하는 일

③ 아르테미스 여신의 신전을 하루 만에 청소하는 일

④ 저승의 입구를 지키는 개 케르베로스를 산 채로 잡아 오는 일

5. 밑줄 친 곳에 알맞은 말을 넣어 이야기 내용을 간추려 보세요.

_____와 인간 사이에서 태어난 _____는 엄청난 힘과 뛰어난 예지력을 가졌다. 그러나 _____가 광기를 불어넣는 바람에 자기 자식들을 모두 죽이고, 그 죄를 씻기 위해 열두 가지 _____을 완수했다.

17 로미오와 줄리엣
위험한 선택

　로미오가 만투아로 떠나고 며칠 뒤였다. 캐풀렛 경은 줄리엣에게 패리스 백작과 결혼하라고 했다. 딸 줄리엣이 이미 로미오와 비밀 결혼을 했다는 사실을 모르는 캐풀렛 경은 사윗감이 마음에 들었다. 패리스 백작은 젊고 씩씩한 데다 줄리엣을 사랑하는 사람이었으니 딸의 남편감으로 부족할 것이 없었다.

　아버지의 말을 들은 줄리엣은 당황해서 둘러대기 시작했다. 처음에는 자신이 결혼하기에 아직 어리다고 했다. 또 사촌 오빠 티볼트가 죽은 지 얼마 되지 않아 웃는 얼굴로 결혼식을 할 수 없다고도 했다. 그러면 사람들로부터 손가락질을 받아 가문의 명예를 더럽히게 될 것이라고 말이다.

　줄리엣은 온갖 핑계를 대어 결혼을 피하려 했지만, 캐풀렛 경은 들은 척도 하지 않았다. 줄리엣이 결혼하지 않겠다고 우기는 게 단지 부끄러워서 그러는 것이라 짐작했다. 다음 날부터 결혼식 준비가 시작되었다. 줄리엣은 돌아오는 목요일에 패리스 백작과 결혼하게 되었다.

　다급해진 줄리엣은 수도원으로 로렌스 신부를 찾아가 도움을 청했다. 그는 줄리엣이 힘든 일을 겪을 때 늘 힘이 되어 주었다. 줄리엣의 하소연을 듣고 깊은 생각에 잠겨 있던 로렌스 신부는 방법이 딱 하나 있다고 했다. 그러나 몹시 위험한 일이라 쉽지 않을 것이라고 했다. 줄리엣은 사랑하는 남편 로미오를 두고 패리스 백작과 결혼하는 것보다 산 채로 무덤에 들어가는 게 낫다며 방법을 알려 달라고 애원했다.

줄리엣의 진심을 들은 로렌스 신부는 줄리엣에게 작은 약병을 하나 주며 말했다. 집으로 돌아가자마자 아버지에게 결혼하겠다고 말하고, 결혼식 전날 밤 유리병에 든 약을 마시라고 했다. 그 약을 마시면 42시간 동안 죽은 사람처럼 잠을 자게 될 것이라고 했다.

줄리엣이 결혼식 전날 밤에 그 약을 마시면 결혼식 날 아침 사람들은 죽어있는 신부를 발견하게 될 것이고, 줄리엣은 베로나 지방의 관습에 따라 뚜껑을 덮지 않은 관에 담겨 지하에 있는 가족무덤에 묻히게 될 것이었다. 42시간 후에 줄리엣이 깨어났을 때, 줄리엣의 곁에 로미오가 와 있도록 로렌스 신부가 연락해 주기로 했다. 그러면 로미오가 줄리엣을 데리고 만투아로 떠나면 된다는 것이었다.

줄리엣은 패리스 백작과의 결혼을 피할 수 있는 방법이 있다는 사실과 로미오에 대한 사랑 때문에 용기가 생겼다. 그래서 줄리엣은 이 무서운 계획을 실행에 옮기기로 마음먹었다. 약병을 받아 들고 수도원을 나온 줄리엣은 패리스 백작을 만나 그의 아내가 되겠다고 말했다. 이 소식은 곧 캐풀렛 경에게 전해져 온 집안이 결혼식 준비로 떠들썩해졌다.

작품 정보

『로미오와 줄리엣』 (1597년), 윌리엄 셰익스피어 지음

서로 원수인 가문에서 태어난 로미오와 줄리엣의 비극적인 사랑 이야기입니다. 이 부분은 줄리엣이 패리스 백작과의 결혼을 피하고 로미오를 다시 만나기 위해 위험한 선택을 하는 장면입니다.

1. 다음 중 낱말의 쓰임이 잘못되어 어색해진 문장을 고르세요.

① 이번 대회 우승으로 우리 학교의 **명예**가 회복되었다.

② 사람들이 그를 불효자라고 **손가락질**했다.

③ 명절에 차례를 지내는 것은 우리의 **관습**이다.

④ 엄마는 오빠가 대학에 합격했다고 동네방네 **하소연**했다.

2. 다음 빈칸을 채우며 줄리엣과 캐풀렛 경의 생각이 어떻게 다른지 비교해 보세요.

캐풀렛 경은 ☐☐☐이 단지 부끄러워서 결혼하지 않겠다고 하는 거라고 짐작했다. 줄리엣은 사랑하는 남편 ☐☐☐를 두고 패리스 백작과 결혼하느니 ☐☐에 들어가는 게 낫다고 했다.

3. 일이 일어난 순서대로 ( ) 안에 번호를 쓰세요.

① 줄리엣이 로렌스 신부를 찾아가 도움을 청했다. ( )

② 로렌스 신부는 줄리엣에게 42시간 동안 잠에 빠지는 약을 주었다. ( )

③ 줄리엣이 로미오와 비밀 결혼을 했다. (   )

④ 줄리엣이 패리스 백작을 만나 그의 아내가 되겠다고 말했다. (   )

⑤ 캐풀렛 경이 줄리엣에게 패리스 백작과 결혼하라고 했다. (   )

4. 이 글을 읽고 만든 뒷이야기 중 자연스러운 내용이 아닌 것을 고르세요.

① 줄리엣이 약을 마시고 죽은 것처럼 보이자 캐풀렛 경이 슬픔에 빠진다.

② 로렌스 신부의 연락을 받은 로미오가 급히 베로나로 돌아온다.

③ 줄리엣은 기쁜 마음으로 패리스 백작과 결혼한다.

④ 줄리엣이 죽은 줄 안 사람들이 줄리엣을 가족무덤에 묻는다.

5. 밑줄 친 곳에 알맞은 말을 넣어 이야기 내용을 간추려 보세요.

캐풀렛 경은 딸 _____에게 패리스 백작과 결혼하라고 했다. 그러나 이미 사랑하는 _____와 비밀 _____을 한 줄리엣은 로렌스 신부를 찾아가 도움을 청했다. 로렌스 신부는 줄리엣에게 _____ 날 죽은 것처럼 보이도록 잠에 빠지는 약을 주었다.

18 노인과 바다
난 진 게 아니야

  산티아고는 작은 배를 타고 혼자 고기잡이를 하는 노인이었다. 그는 최근 84일 동안 물고기를 한 마리도 잡지 못했다. 그래서 그의 조수였던 소년 마놀린의 부모도 아들을 다른 어부에게 조수로 보냈다.

  산티아고는 바닷가에서 새끼 고양이처럼 뛰노는 사자 꿈을 꾸고는 아침 일찍 일어났다. 그는 마놀린의 응원과 배웅을 받고 다시 혼자서 작은 배를 타고 바다로 나갔다. 먼 바다로 나가 낚싯대를 드리워 놓고 지켜보고 있던 노인의 눈에 낚싯줄 하나가 갑자기 물속으로 잠기는 것이 보였다. 낮 열두 시쯤이었다.

  "그래, 이거다!"

  그는 낚싯줄을 조심스레 당겨 보고 청새치가 낚싯바늘에 끼워놓은 정어리를 먹고 있다는 것을 알았다. 경험이 많은 어부였기 때문이었다. 노인은 낚싯줄을 조심스럽게 쥐고 막대기에 감긴 낚싯줄을 풀었다. 청새치가 눈치채지 못하도록 조심스럽게 했다. 녀석이 당기는 힘을 보니 엄청난 무게를 느낄 수 있었다.

  "굉장한 놈이로군!"

  그러나 녀석을 잡는 일은 쉽지 않았다. 낚싯줄에 걸린 청새치는 엄청나게 컸고 자신이 탄 배를 끌고 갈 만큼 힘이 셌다. 그런데 자신을 도와줄 조수도 없었다. 하지만 노인은 포기하지 않았다. 사흘 밤낮을 잠도 못 자고 녀석과 씨름하다 손까지 다쳤지만, 결국은 작살로 찔러 녀석을 잡을 수 있었다. 700킬로그램도 더 되어 보이는 청새치를 배에 묶어 끌고 가면서 노인은 이 큰 물고기를 팔면 얼마를 받을 수 있을지 계산하는 것조차 어려웠다. 그래서 기뻤다.

고기를 실은 배의 이동은 순조로웠다. 노인은 힘을 다 써버려 기운도 없고 잠도 제대로 못 자서 차가운 바닷물에 손을 담근 채 머리를 맑게 하려 애썼다. 상어의 공격이 시작된 것은 그때쯤이었다. 작살로 찔러서 잡은 청새치의 피가 바닷물에 번지고 있었기 때문이었다. 피 냄새를 맡은 상어는 맹렬한 속도로 배를 추격해 왔다. 노인은 있는 힘을 다해 그 상어와 맞섰다. 상어는 노인이 잡은 고기를 뜯어 먹으며 따라왔다.

"인간에게 패배란 있을 수 없어. 파괴를 당할지언정 패배란 있을 수 없지."

노인은 이렇게 말하며 끈질기게 맞서 싸워 결국 상어를 해치웠다.

그러나 그것이 끝이 아니었다. 또 다른 상어들이 나타나 남은 물고기를 뜯어 먹었다. 노인이 있는 힘을 다해 막아 냈지만, 상어 무리의 공격은 계속되었다. 결국 노인이 밤늦게 항구에 도착했을 때 그의 배에 남아 있는 것은 청새치의 몸통뼈뿐이었다.

노인은 항구에 배를 대며 큰 소리로 말했다.

"난 진 게 아니야. 다만 너무 멀리 나갔다 왔을 뿐이야."

작품정보

『노인과 바다』 (1952년), 어니스트 헤밍웨이 지음

평생 고기잡이를 해온 노인이 먼바다에서 홀로 힘겹게 청새치를 잡고 상어 무리와 사투를 벌이는 이야기입니다. 이 부분은 노인이 혼자 힘으로 거대한 물고기를 낚고, 상어들로부터 그 물고기를 지키려 온 힘을 다해 싸우는 내용입니다.

1. 다음 중에서 '바다'와 관계없는 낱말을 모두 골라 쓰세요.

> **보기**
> 청새치 아들 낚싯대 배 고기잡이 사자 상어 항구

_____ _____

2. 이 글 속 '노인'이 어떤 사람인지 생각하며 맞는 말을 골라 ○표 하세요.

산티아고는 혼자 (**큰** / **작은**) 배를 타고 고기잡이를 하는 노인이었다. 그는 오랫동안 물고기를 한 마리도 잡지 못해서 마놀린이라는 (**조수** / **친구**)도 그를 떠나갔다. 그러나 그는 (**경험** / **돈**) 많은 어부였기 때문에 낚싯줄만 당겨 보고도 청새치가 잡힌 것을 알았다.

3. 이 글의 내용을 잘못 설명한 것을 고르세요.

① 노인은 오랫동안 물고기를 못 잡았지만 포기하지 않고 바다로 나갔다.

② 마놀린은 노인이 실력 없는 어부라고 생각해 노인을 무시했다.

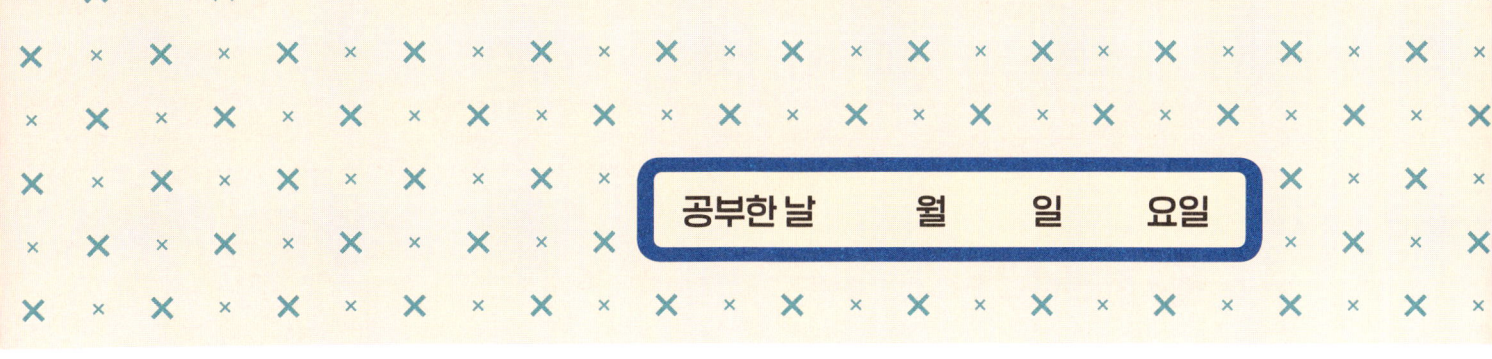

③ 노인이 잡은 청새치는 700킬로그램도 넘는 큰 놈이었다.

④ 청새치의 피 냄새를 맡은 상어들이 노인의 배를 쫓아왔다.

4. 노인의 마음을 생각해 보면서 빈칸에 알맞은 말을 쓰세요.

"인간에게 □□란 있을 수 없어. □□를 당할지언정 패배란 있을 수 없지."

"난 □게 아니야. 다만 너무 □□ 나갔다 왔을 뿐이야."

5. 밑줄 친 곳에 알맞은 말을 넣어 이야기 내용을 간추려 보세요.

오랫동안 물고기를 한 마리도 잡지 못했던 _____은(는) 혼자 바다로 나가 거대한 _____를 낚았다. 결국 _____무리에게 그 청새치를 다 빼앗겼지만, 상어에게 _____ 것은 아니라고 말한다.

노인과 바다 107

19 해저 2만 리
네모 선장과 노틸러스호

　1866년에는 이상한 사건들이 연달아 일어났다. 세계 여러 바다에서 많은 배들이 정체불명의 '거대한 물체'를 만났는데, 고래보다 훨씬 크고 빠르며 때로 빛을 발하기도 한다고 했다. 그 물체 때문에 거대한 여객선 하나가 부서지자 사람들은 그것이 잠수함인지 괴물인지 더욱 궁금해했다.

　파리 자연사 박물관의 교수인 나는 그 물체가 일각고래일 것이라고 추측하는 글을 신문에 싣게 되었다. 그래서 그 물체를 조사하러 가는 링컨호에 초대받았다.

　링컨호는 북태평양 곳곳을 수색했지만 그 물체를 만나지 못했다. 수색을 그만두려 할 때쯤 그 물체가 나타났다. 고래사냥꾼 네드는 그 물체에다 작살을 날렸다. 그러나 오히려 그 물체에게 공격을 받아 네드와 나, 내 하인 콩세유는 바다에 빠지고 말았다. 우리는 멀어져 가는 링컨호를 바라보며 바다에 둥둥 떠 있다가 우연히 그 괴물의 등 위에 앉게 되었다. 괴물은 일각고래가 아니라 등이 철판으로 되어 있는 잠수함이었다!

　밤새 바다 위로 등을 내놓고 있던 잠수함은 아침이 되자 서서히 가라앉기 시작했다. 잠수함이 바닷속 깊이 들어가 버리면 우리는 죽을 수도 있었다. 네드는 잠수함의 등을 발로 쿵쿵 구르면서 소리쳤다.

　"이봐! 문 열어! 문 열라고, 이놈들아!"

　그러자 배 안에서 빗장을 여는 소리가 들리더니 건장한 남자 여덟 명이 나타나 말없이 우리를 그 잠수함 속으로 데리고 내려갔다. 감옥 같은 방에 갇히게 된 우리는 산소 부족으로 죽기 전에 탈출해야 한다고 생각했다. 네드는 미친 사람처럼 날뛰었다. 그때 한 남자의 목소리가 들렸다.

"진정해요. 네드. 그리고 아로낙스 박사, 내 말 좀 들어보십시오."

그는 이 잠수함의 선장이었다.

"나는 인간 사회와 인연을 끊은 사람입니다. 여러분이 평화로운 내 생활을 방해했으니 나는 당신들을 적으로 취급할 권리가 있습니다."

오랜 침묵 뒤에 선장은 다시 말했다.

"운명이 당신들을 여기로 보냈으니 이 잠수함에 남아도 좋습니다. 여러분은 이 배 안에서 자유롭게 행동할 수 있습니다. 규칙에 따르기만 한다면 말이죠. 특히 아로낙스 박사, 나는 당신이 심해에 관해 쓴 책을 자주 읽었어요. 당신은 나와 함께 경이로운 곳들을 탐험하게 될 겁니다."

나는 선장의 제안을 받아들여 모험을 함께 하기로 했다. 그리고 선장에게 물었다.

"당신을 뭐라고 불러야 하죠?"

"네모 선장이라고 부르세요. 당신들은 이 '노틸러스'호의 승객입니다."

작품정보

『해저 2만 리』 (1869년), 쥘 베른 지음

수수께끼 괴물을 조사하러 바다로 나간 사람 중 몇 명이 잠수함 노틸러스호에 타게 되면서 겪는 모험 이야기입니다. 이 부분은 아로낙스 교수 일행이 잠수함에 타 네모 선장을 만나게 되는 장면입니다.

1. 다음 중 두 낱말의 관계가 나머지 셋과 다른 것을 고르세요.

① 수색-조사   ② 탈출-도망   ③ 심해-천해   ④ 승객-손님

2. 다음은 이 글에 등장하는 인물들에 대한 설명입니다. 빈칸에 알맞은 말을 써 보세요.

① 나 (☐☐☐☐ 박사)	파리 자연사 박물관의 교수
② 네드	☐☐ 사냥꾼
③ 콩세유	아로낙스 박사의 ☐☐
④ 네모 선장	잠수함 ☐☐☐☐호의 선장

3. 다음 글들이 설명하는 대상의 정체는 무엇인지 빈칸에 쓰세요.

1866년 세계 여러 바다에 나타났다.	고래보다 훨씬 크고 빨랐다.
때로는 빛이 나기도 했다.	철판으로 되어 있었다.

☐☐☐

4. 나(아로낙스 박사)는 노틸러스호에 남으라는 네모 선장의 제안을 왜 받아들였을까요?

① 네드와 콩세유가 간절히 원했기 때문에

② 네모 선장의 협박이 무서웠기 때문에

③ 노틸러스호의 승객들 중에 친한 사람이 있어서

④ 잠수함을 타고 경이로운 심해를 탐험하고 싶어서

5. 밑줄 친 곳에 알맞은 말을 넣어 이야기 내용을 간추려 보세요.

_____박사는 링컨호를 타고 정체불명의 거대한 물체를 조사하러 _____에 나갔다. 우연히 그 물체에 올라타게 된 박사 일행은 그것이 _____이라는 것을 알게 되었다. 그들은 _____ 선장의 제안대로 잠수함을 함께 타고 _____를 탐험하기로 했다.

20 로빈슨 크루소
금요일에 만난 사람

　나는 1632년 영국 요크의 부유한 집안에서 태어났다. 아버지는 내가 법률 공부를 하기 원하셨지만 어렸을 때부터 모험심이 강했던 나는 항상 배를 타고 바다를 여행하고 싶었다. 그리하여 부모님의 반대에도 불구하고 몇 번의 항해를 하게 되었고, 그 결과 훌륭한 선원이자 최고의 상인이 되었다.

　1659년 9월 30일, 열흘이 넘게 계속된 폭풍우에 내가 타고 있던 배가 산산조각이 났다. 나는 가까스로 살아남아 육지로 기어 올라갔는데 그곳은 무인도였다. 다른 선원들은 모두 파도에 휩쓸려 사라지고 혼자 무인도에 남겨졌다는 사실에 나는 절망했다. 그러나 기적적으로 살아남았다는 사실에 감사하기도 했다.

　나는 바닷가에 밀려온 부서진 배에서 필요한 물건들을 가져왔는데 그 중에는 총도 있었다. 살기 적당한 장소를 찾아 집을 만들고 사냥을 해서 배고픔을 해결했다. 동굴을 파내서 은신처도 만들었다. 섬에서 지내는 시간이 길어질수록 구조될 거라는 희망은 사라져 갔고, 여러 해가 지나자 그 섬의 기후를 뚜렷이 알게 되어 농사도 짓게 되었다.

　무인도에서 살게 된 지 20년도 넘은 어느 날 새벽이었다. 나는 바닷가에서 카누들을 발견했다. 야만인들이 여섯 척의 카누를 타고 섬으로 들어온 것이다. 나는 꽤 많은 야만인이 이 섬에 침입했다는 생각에 몹시 두려웠다. 전투태세를 갖추고 조심조심 그들이 있는 곳을 찾아냈다. 망원

경으로 보니 그들은 불을 피우고 이상한 몸짓을 하며 그들만의 의식에 열중하고 있었다. 그들은 식인종이었다. 그들은 줄에 묶인 사람들을 불 앞으로 끌어냈다. 그런데 갑자기 줄에 묶인 사람 하나가 몸부림치더니 도망치기 시작했다. 그는 내 은신처가 있는 방향으로 질주해 왔다. 나는 그를 쫓는 추격자들을 총으로 제압해 그 도망자를 구해주었다.

모든 상황이 끝났는데도 도망자는 총소리에 완전히 넋이 나가 있었다. 말이 통하지 않는 그에게 안심하라는 몸짓을 보였지만 두려움에 벌벌 떨고 있었다. 나중에 알게 되었는데 그 지역의 야만인들은 단단한 나무로 만든 칼로 전투를 한다는 것이었다. 그러니 그에게는 총을 가진 내가 두려움의 대상이었던 것이다.

나는 내가 구해낸 도망자에게 먹을 것을 주고 잠자리로 안내했다. 그는 안심했는지 마음껏 먹고 깊은 잠에 빠졌다. 몇 시간 후 잠에서 깬 야만인은 나를 보자마자 달려오더니 복종의 행위를 보여주었다. 알 수 없는 말을 하며 무릎을 꿇고 자신의 머리를 내 발 옆에 대더니 내 발을 그의 머리 위에 올려놓았다. 나는 그 복종의 행위에 만족하고 그의 충성의 맹세를 받아들이겠다는 몸짓을 했다. 그리고 그를 구해준 날이 금요일이었기 때문에 그날을 기념해 그에게 '프라이데이'라는 이름을 지어주었다. 그는 나의 하인이 되어 나와 함께 살게 되었고, 나는 그에게 문명을 가르치면서 외로움에서 벗어날 수 있었다.

작품정보

『로빈슨 크루소』 (1719년), 대니얼 디포 지음

영국 요크에서 태어난 선원 로빈슨 크루소가 28년간 무인도 생활을 하게 되는 이야기입니다. 이 부분은 20년 넘게 혼자 살던 로빈슨 크루소가 식인종들로부터 한 사람을 구해주고 그와 함께 살게 되는 내용입니다.

1. <보기>의 낱말 중 문장에 어울리는 것을 찾아 빈칸에 써넣으세요.

> **보기**
> 선원   무인도   은신처   야만인   복종   문명

① 너희들은 이제부터 ☐☐☐이 아니라 문명인이야.

② 내 꿈은 넓은 바다를 항해하는 ☐☐이 되는 것이었다.

③ 이곳은 찬란한 고대 ☐☐의 중심지였다.

④ 햄스터가 편히 쉴 수 있도록 ☐☐☐를 만들어 줘야 해.

2. '나(로빈슨 크루소)'에 대한 설명으로 맞는 것은 ○표, 틀린 것은 X표 하세요.

① 영국 사람이다. (   )

② 어려서부터 모험심이 강했다. (   )

③ 부모님의 반대에도 불구하고 법률을 공부했다. (   )

④ 폭풍우에 부서진 배에서 혼자만 살아남았다. (   )

⑤ 무인도에서 사냥도 하고 농사도 지었다. (   )

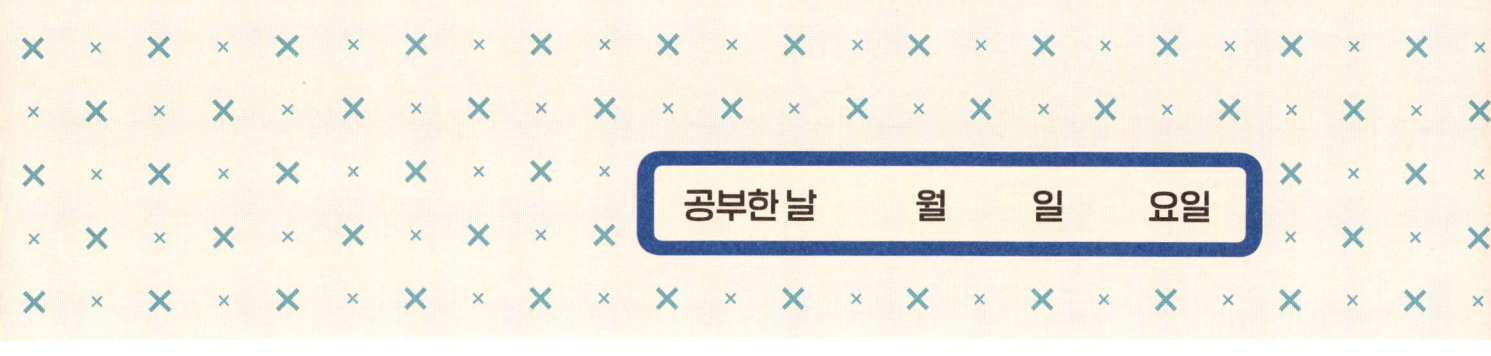

3. 다음 글을 읽고, 알맞은 말을 골라 ○표 하세요.

나는 꽤 많은 (야만인 / 군인)이 섬에 침입했다는 생각에 두려웠다. 그들은 불을 피우고 그들만의 (잔치 / 의식)에 열중했다. 불 앞에 끌려 나온 사람 중 하나가 내 (은신처 / 카누)가 있는 방향으로 도망쳤다.

4. 프라이데이가 '나(로빈슨 크루소)'에게 복종의 행위를 보여준 이유를 모두 찾으세요.

① 로빈슨 크루소가 자신을 죽이려 했기 때문에

② 로빈슨 크루소가 자신의 목숨을 구해 주어서

③ 로빈슨 크루소가 처음 보는 무서운 무기인 총을 갖고 있어서

④ 프라이데이는 원래 살던 곳에서도 하인이었기 때문에

5. 밑줄 친 곳에 알맞은 말을 넣어 이야기 내용을 간추려 보세요.

배를 타고 항해하던 _____는 폭풍우에 혼자 살아남아 _____에서 살게 되었다. 어느 날 _____들로부터 도망친 한 사람을 구해주었다. 그를 구해준 날이 금요일이어서 그에게 _____라는 이름을 지어주고 문명을 가르치게 되었다.

고전 속으로

16. 『그리스·로마 신화』

그리스·로마 신화는 고대 그리스에서 발생해 로마 제국으로 이어지는 신화다. 제우스, 헤라, 포세이돈, 아테나, 아프로디테 등 그리스의 신들은 현대인들에게도 친숙한 이름으로 다가온다. 이 신화는 고대인의 상상 세계가 만들어 낸 이야기지만 수천 년이 지난 현대에도 '살아있는 이야기'로 받아들여진다. 철학자와 역사가에게 영향을 주었고, 미술과 문학의 중요한 주제가 되었으며, 과학 기술 분야의 용어가 될 정도로 서양 문화 전반에 큰 영향을 끼쳤다.

그리스·로마 신화는 서양 예술과 문학의 뿌리이자 인류 문화의 보물 창고이다. 그 안에는 인간이 겪는 모든 희로애락의 원형이 담겨 있다. 삶과 죽음, 아름다움과 추함, 사랑과 이별 등에 관여하는 신들의 모습과 주어진 운명과 신들의 저주에 때로는 좌절하고 때로는 맞서 싸우는 영웅들의 모습이 담겨 있다. 그 신들의 이야기는 현대에도 광범위하게 퍼져 있어 일상의 삶과 생각의 틀 속으로 깊숙이 들어와 있다.

17. 『로미오와 줄리엣』

『로미오와 줄리엣』은 셰익스피어가 극작가로서의 입지를 다지는 데 결정적인 역할을 한 작품으로 알려져 있다. 비극적이면서도 아름다운 표현과 극적인 구성으로 인해 오늘날까지도 널리 사랑받으며 공연되고 있다.

이탈리아의 아름다운 도시 베로나. 베로나의 명문가 몬터규가와 캐풀렛가

는 오랜 시간 서로를 증오하며 앙숙으로 지내 온 원수 집안이다. 어느 날 몬터규가의 청년 로미오는 우연히 무도회에 참석했다가, 캐풀렛가의 처녀 줄리엣을 보고 첫눈에 사랑에 빠지게 된다. 운명처럼 서로에게 이끌려 사랑의 맹세를 주고받은 두 사람은, 로렌스 신부의 도움으로 비밀리에 결혼식까지 올린다. 그러던 어느 날, 이들에게 예기치 못한 고난이 닥치고 그들의 사랑은 운명의 장난으로 가슴 아프게 마무리된다. 하지만 그들의 죽음을 통해 오랜 세월 지속한 두 집안의 반목은 눈 녹듯 녹아내리고, 마침내 화해하게 된다.

18. 『노인과 바다』

『노인과 바다』는 불운과 역경에 맞선 한 늙은 어부의 숭고하고 인간적인 내면을 강렬한 이미지와 간결한 문체로 그려낸 작품이다. 작가 헤밍웨이의 원숙한 인생관 위에 독보적인 서사 기법과 문체가 훌륭하게 응축된 작품이라는 점에서 그의 필생의 걸작으로 꼽힌다. 헤밍웨이 자신도 『노인과 바다』를 가리켜 "평생을 바쳐 쓴 글", "지금 내 능력으로 쓸 수 있는 가장 훌륭한 글"이라고 언급한 바 있다.

『노인과 바다』는 쿠바 연안을 배경으로 거대한 물고기에 맞서 사투를 벌이는 늙은 어부 산티아고의 이야기를 그렸다. 멕시코 만류에서 홀로 고기잡이를 하는 노인은 84일째 고기를 잡지 못하다가, 사투 끝에 거대한 물고기를 잡는 데 성공한다. 물고기를 밧줄에 묶어 뱃전에 나란히 매달고 집으로 돌아가려고 하지만 피 냄새를 맡은 상어들의 공격을 받는다. 몇 차례의 싸움 끝에 간신히 상어를 물리친 노인은 결국 머리와 뼈만 앙상하게 남은 물고기 잔해를 끌고 집으로 돌아온다.

19. 『해저 2만 리』

SF 문학의 선구자 쥘 베른의 대표작으로 인간의 손이 닿지 않은 바닷속 세계를 과학적 지식과 상상력으로 그려낸 모험 소설의 걸작이다. 엄밀한 과학적 사실들과 작가의 무한한 상상력이 한데 뭉쳐 탄생한 이 모험 이야기는 미래를 향한 실제적인 과학 발전에도 이바지하였다.

『해저 2만 리』는 실제의 잠수함이 탄생하는 배경이 되었으며, 이에 미국에서 세계 최초로 제작된 원자력 잠수함의 이름은 책에 등장하는 잠수함의 이름과 똑같은 '노틸러스'호로 명명되었다. 이 잠수함은 방추형 외관이나, 외부로부터의 동력 및 공기 공급 없이 장기간 항해를 할 수 있는 기능 등이 작품 속 노틸러스호의 묘사와 일치한다.

쥘 베른은 과학적 사실에 근거함으로써 작품의 완성도를 극대화하는 한편 과학의 발전에 필연적으로 따르는 부작용, 이를테면 환경 파괴, 인간성 상실 등에 대한 경고를 곳곳에 드러내기도 하였다.

20. 『로빈슨 크루소』

여행기 문학의 출발이자 근대 소설의 맨 처음으로 일컬어지는 대니얼 디포의 대표작. 사실을 중시하는 저널리스트로 풍부한 경험을 쌓았던 대니얼 디포는 특히 벽돌과 타일 제조업, 노예 무역업 등에 종사했던 자신의 경험을 바탕으로 사실주의적인 묘사가 돋보이는 이야기를 선보인다. 『로빈슨 크루소』는 대니얼 디포가 쉰아홉 살 때인 1719년에 발표한 대표작으로서 조너선 스위프트의 『걸리버 여행기』와 함께 영국의 대표적인 고전소설로 꼽힌다.

바다를 향한 넓은 세계를 동경하던 로빈슨 크루소는 부모님의 반대에도 바다로 나서지만, 항해를 시작하면서 배가 난파되고, 노예로 붙잡히거나 해적을 만나고 폭풍에 휘말리는 등 뜻하지 않은 불행을 계속해서 겪는다. 난파된 배에서 유일하게 살아남은 로빈슨 크루소는 무인도에서 홀로 살아가게 되고 자신의 삶을 일기로 기록해 나간다. 그는 고독을 극복해 가면서, 손수 집을 짓고 옷과 그릇, 여러 가지 도구를 만들어낸다. 이후 섬에서 처음으로 인간을 만나게 되고, 식인종과 영국인 선원들에 맞서 싸우기도 한다.

> **글쓰기 연습 4**
>
> # 서사(시간의 흐름에 따라) 글 쓰기
>
> 많은 동화와 소설이 '서사' 방식으로 쓰입니다.
> 자기 경험을 서사 방식으로 써 봅시다. 최근 겪은 일이나 오래전이지만 분명히 기억나는 일을 골라 시간의 흐름에 따라 써 보세요.

서사 글은 어떻게 쓸까요?

'묘사'는 사물이나 사람, 장소를 관찰하고 보이고 들리는 그대로 쓰는 글입니다.
이와 다르게 '서사'는 사건의 진행 과정이나 사물의 움직임과 변화를 시간의 흐름에 따라 자세히 쓰는 글입니다.

1. 한 가지 사건(또는 변화한 사물이나 사람)을 고릅니다.
마트에서 생긴 일(지민이와 나영이의 싸움)

2. 시간의 흐름에 따라 단계를 나누어 메모하거나 머릿속에 정리해 둡니다.
① 나영이, 지민이랑 마트에 감
② 지민이가 스파게티 시식을 여러 번 함
③ 지민이랑 나영이가 싸움

3. 2에서 메모하거나 정리했던 내용을 자세히 글로 씁니다.
　- 주로 할 이야기와 관련 없는 이야기는 쓰지 않도록 합니다.
　- 사건의 원인과 결과가 잘 드러나고 이야기가 자연스럽게 이어지도록 씁니다.

　오늘 나영이네서 파자마 파티를 하기로 했다. 나랑 나영이랑 지민이, 이렇게 셋이 저녁에 떡볶이를 해 먹고 놀다가 자기로 해서 우리는 떡볶이 재료를 함께 사러 가기로 했다. 나는 피아노 학원을 마치고 5시반 쯤 하나 마트 앞에서 나영이와 지민이를 만났다. 그때까지는 파자마 파티할 생각에 들떠서 모두 기분이 좋았다.
　나는 마트에 가면 필요한 것만 사가지고 빨리 나오는 편인데, 나영이랑 지민이는 떡볶이 재료와 간식거리까지 다 골랐는데도 이것저것 구경하며 깔깔거렸다. 즐거운 분위기를 깰 수 없어 나도 웃으며 따라다녔다.
　문제는 시식 코너에서 생겼다. 스파게티 소스 시식 코너를 지나는데 지민이가 맛있겠다며 먹어보자고 했다. 나랑 나영이는 한 번 먹어보고 맛있다고 하고 계산대로 가려고 했다. 그런데 지민이가 너무 맛있다며 한 번만 더 먹겠다고 했다. 그런데 한입씩 먹으니 배가 더 고프다며 네 번이나 받아먹는 것이었다.
　나는 속이 부글부글 했지만 참았다. 그런데 나영이가 폭발했다. 지민이한테 거지냐고 하면서 화를 낸 것이다. 집에 가서 떡볶이 해 먹을 건데 스파게티를 그렇게 많이 먹냐고 하고, 시식 코너 아주머니께 부끄럽지도 않냐고 했다. 얼굴이 빨개진 지민이는 씩씩거리며 마트 밖으로 나갔다. 〈이하 생략〉

1. 어떤 일을 쓸까요?(한 가지 사건을 골라 적어보세요.)

2. 시간의 흐름에 따라 단계를 나누어 메모하세요.

①

②

③

3. 2에서 메모했던 내용을 순서대로 자세히 씁니다.

제목:

Week 5

폭풍의 언덕
꿀벌 마야의 모험
모비 딕
피터 팬
셜록 홈스의 모험

21 폭풍의 언덕
아버지가 구해 온 아이

1801년. 복잡한 도시를 벗어나고 싶었던 나는 조용한 시골에 집을 구했다. 집이 무척 마음에 들어 집주인 히스클리프 씨에게 인사를 하러 갔다. 나는 '워더링 하이츠'라고 불리는 그의 집에서 이상한 일을 겪고 돌아와 가정부 넬리 딘 부인에게 워더링 하이츠에 관한 이야기를 듣게 되었다.

락우드 씨, 워더링 하이츠는 원래 언쇼 가의 저택이었답니다. 언쇼 씨와 언쇼 부인 그리고 두 남매가 함께 살았어요. 아드님 이름은 힌들리, 따님은 캐서린이었답니다. 제 어머니가 힌들리의 유모였기 때문에 그들과 나이가 비슷했던 저는 언제나 그들과 함께 놀았습니다. 행복이 넘치는 집이었죠.

어느 날 아침, 언쇼 씨가 여행 준비를 하고 아래층으로 내려오셨답니다. 집을 비우는 동안 해야 할 일을 하인들에게 지시하고, 우리 세 아이에게는 이렇게 말씀하셨죠.

"애들아, 나는 리버풀에 간단다. 너희들에게 무슨 선물을 사다 줄까? 먼 길을 다녀와야 하니 작은 것으로 말해 보렴."

힌들리는 바이올린, 캐서린은 말채찍을 사다 달라고 했습니다. 제가 우물쭈물하고 있었더니 주인 어른께서 저에게는 과일을 한 아름 사다 주겠다고 하셨습니다.

언쇼 씨는 사흘 뒤 밤 11시쯤 돌아오셨지요.

"휴, 몹시 피곤하구나! 다시는 이런 여행을 안 하겠어. 어찌나 고생했는지……."

언쇼 씨는 의자에 털썩 앉으시면서 옆구리에 끼고 있던 외투를 펼쳤습니다.

"여보, 이리 와 봐요. 이렇게 곤란한 일은 처음인데, 하나님의 선물로 알고 받아들이려고 해요. 악마의 자식처럼 새까만 얼굴을 하고 있긴 하지만."

우리는 모두 언쇼 씨 주위로 몰려가 외투 속을 보았어요. 놀랍게도 누더기를 걸친 더러운 남자애가 있었죠. 나이는 캐서린보다 조금 많아 보였는데 우리가 알아들을 수 없는 말을 중얼거리더군요. 저는 겁이 났고, 마님은 벌컥 화를 내셨습니다.

"집시의 아이를 데리고 오시다니요! 우리는 두 아이로도 충분해요!"

그러자 언쇼 씨가 말씀하셨죠.

"길에 버려져 죽어 가는 아이를 보고 모르는 체할 수 없어서 그랬소."

마님은 마지못해 그 아이를 받아들이셨습니다. 그제야 힌들리와 캐서린은 아버지께 부탁한 선물을 찾느라 아버지 외투 주머니를 뒤졌고요. 하지만 그 시커먼 아이를 구해서 데려오느라 선물을 잃어버렸다는 말에 아이들은 엉엉 울며 화를 냈고, 두 아이는 절대 그 아이와 함께 잘 수 없다고 했답니다.

며칠 뒤에 보니 그 아이는 '히스클리프'라는 이름으로 불리고 있더군요. 당신이 세를 든 집의 주인도, 워더링 하이츠의 주인도 바로 그 사람이랍니다.

작품정보

『폭풍의 언덕』 (1847년), 에밀리 브론테 지음

워더링 하이츠(바람이 휘몰아치는 언덕)라 불리는 언쇼 가의 저택을 중심으로 일어나는 사랑과 갈등 이야기입니다. 이 부분은 조용하고 행복하던 언쇼 가에 히스클리프가 처음 등장하는 장면입니다.

1. 다음 중 '누더기'와 뜻이 비슷한 말을 고르세요.

① 낡은 옷   ② 목도리   ③ 구더기   ④ 빨랫감

2. 등장인물에 맞는 설명을 찾아 줄로 이어 줏세요.

① 락우드 씨 ・   ・ ㉠ 힌들리와 캐서린의 아버지이다.

② 언쇼 씨 ・   ・ ㉡ 길에 버려진 새까만 얼굴의 아이였다.

③ 캐서린 ・   ・ ㉢ 히스클리프가 가진 집에 세를 들었다.

④ 히스클리프・   ・ ㉣ 아버지에게 말채찍을 사다 달라고 했다.

3. 이 이야기의 내용을 잘못 설명한 문장을 고르세요.

① 넬리 딘 부인은 락우드 씨에게 오래전 이야기를 들려주었다.

② 언쇼 씨 가족은 워더링 하이츠에서 행복하게 살고 있었다.

③ 힌들리와 캐서린은 아버지가 구해 온 히스클리프를 반겨주었다.

④ 히스클리프는 어른이 되어서도 워더링 하이츠에 살고 있다.

4. 다음은 히스클리프에 대해 알 수 있는 문장들입니다. 빈칸에 알맞은 말을 써넣으세요.

① ☐☐의 자식처럼 새까만 얼굴을 하고 있긴 하지만.

② ☐☐☐를 걸친 더러운 남자애가 있었죠.

③ ☐☐의 아이를 데리고 오시다니요.
   ※ 영국인이 아닌 소수의 유랑 민족. 또는 정처 없이 떠돌아다니며 생활하는 사람들을 비유적으로 이르는 말

5. 밑줄 친 곳에 알맞은 말을 넣어 이야기 내용을 간추려 보세요.

'나(락우드)'는 넬리 딘 부인에게 _____에 대한 이야기를 들었다. 언쇼 씨와 부인, 그들의 자녀 _____와 _____은 워더링 하이츠에서 행복하게 살고 있었다. 어느 날 언쇼 씨는 길에 버려져 죽어가던 _____라는 아이를 데리고 왔다.

22 꿀벌 마야의 모험
쇠똥구리 쿠르트

마야는 꿀벌 도시를 떠나 첫 바깥나들이를 나왔다. 하늘을 마음껏 날던 마야는 외쳤다.

"아, 이 넓은 세상은 답답한 꿀벌 도시보다 천 배 더 좋아! 평생 꿀이나 모아야 하는 그곳으로는 돌아가지 않겠어. 세상 곳곳을 돌아다니며 구경할 거야."

모험을 시작한 마야는 지렁이를 먹고 있던 쇠똥구리를 만났다.

"당신은 누구요?"

"난 마야예요. 꿀벌이에요."

"만나서 반갑소. 난 쿠르트라고 합니다. 장미풍뎅이지요."

마야는 쿠르트가 쇠똥구리라는 사실을 알고 있었지만 아무 말도 하지 않았다. 갑자기 쿠르트의 비명 소리가 들렸다. 쿠르트가 땅에 떨어져 뒤집어진 채 팔다리를 버둥거리며 소리를 질렀다.

"난 혼자서는 몸을 뒤집을 수가 없단 말이오. 이대로 곧 죽게 될 거요!"

마야는 몸을 뒤집어보려 애쓰다 자꾸만 실패하는 쿠르트가 너무나 가여워 보였다. 마야는 가느다란 녹색 풀을 찾아내 그 맨 위쪽에 매달렸다. 마야의 무게에 눌린 풀이 버둥거리는 쿠르트 바로 위까지 휘어졌다. 마야가 쿠르트에게 소리쳤다.

"어서 이걸 꽉 잡아요."

쿠르트는 풀의 끝부분을 잡고 천천히 아래로 내려갔다. 조금씩 움직여 마침내 밑동에 다다랐다. 풀의 밑동은 단단해서 쿠르트는 몸을 똑바로 하고 땅에 내려설 수 있었다.

"아이고, 살았네. 정말 끔찍했어요."

쿠르트는 고맙다는 말도 없이 어디론가 사라졌다.

그런데 며칠 후 마야는 블랙베리 덩굴 사이를 날아다니다가 거미줄에 걸리고 말았다. 빠져나가려고 애를 썼지만 소용없었다. 마야는 공포에 질려 비명을 질렀다. 지나가던 나비는 발버둥을 치는 마야를 보며 고통 없이 죽길 바란다며 가던 길로 가버렸다. 마야는 눈물을 흘리며 도와달라고 소리쳤다. 마야가 점점 지쳐가고 있을 때 밑에서 익숙한 목소리가 들려왔다.

"어르신 나가신다, 길을 비켜라!"

지난번 마야가 도와주었던 쇠똥구리 쿠르트였다. 쿠르트는 마야를 알아보고 거미줄을 끊어주었다. 그리고 마야의 날개와 다리를 거미줄에서 떼어내 주었다.

"진심으로 감사드려요."

자유를 되찾은 마야의 목소리는 행복에 젖어 있었다.

작품정보

『꿀벌 마야의 모험』 (1912년), 발데마르 본젤스 지음

꿀벌 마야가 벌집을 떠나 호수와 숲, 들판에서 겪는 모험을 담은 이야기입니다. 이 부분은 마야에게 도움을 받은 쇠똥구리 쿠르트가 며칠 뒤 다시 마야를 구해주는 장면입니다.

1. 다음 중 '집을 떠나 가까운 곳에 잠시 다녀오는 일'을 뜻하는 낱말을 고르세요.

① 여행   ② 바깥나들이   ③ 탐험   ④ 귀가

2. 마야가 모험하기로 마음먹은 까닭은 무엇일까요? 빈칸에 알맞은 말을 쓰세요.

이 ☐☐ 세상은 ☐☐☐ 꿀벌 도시보다 천 배 더 좋아!

평생 ☐이나 모아야 하는 그곳으로는 돌아가지 않겠어.

세상 곳곳을 돌아다니며 ☐☐할 거야.

3. 쿠르트에 대한 설명 중 틀린 것을 고르세요.

① 쿠르트는 장미풍뎅이이다.

② 쿠르트는 지렁이를 먹는다.

③ 쿠르트는 몸이 뒤집어지면 혼자서는 원래대로 뒤집을 수 없다.

④ 쿠르트는 거미줄에 걸린 마야를 구해주었다.

4. 이 책을 읽고 등장 인물들에게 할 말로 어울리지 않는 것을 고르세요.

① 마야, 너는 꿀벌 도시가 답답했구나!

② 나비야, 나도 너처럼 친절한 행동을 하고 싶어.

③ 쿠르트, 너는 은혜를 갚을 줄 아는구나!

④ 마야, 네가 위험에서 빠져나와 정말 다행이야.

5. 밑줄 친 곳에 알맞은 말을 넣어 이야기 내용을 간추려 보세요.

_____는 넓은 세상을 구경하고 싶어 _____도시를 떠났다. 몸이 뒤집어져 죽을 뻔한 쇠똥구리 _____를 도와주었고, 반대로 마야가 _____에 걸려 위기에 빠졌을 때는 쿠르트의 도움으로 살아날 수 있었다.

23 모비 딕
추격 둘째 날

피쿼드호가 모비 딕이라는 별명을 가진 고래를 발견해 추격을 시작한 다음 날 아침이었다. 날이 밝아 올 무렵 선장 에이허브가 소리쳤다.

"모두 갑판으로 집합해 돛을 올려라. 어제 그 녀석은 내가 생각했던 것보다 훨씬 빠르게 움직였다. 하지만 상관없다. 우리는 지금 최고 상태니까."

"녀석이 물을 뿜는다! 배 바로 앞쪽에서 물을 뿜고 있다!"

돛대에서 지켜보던 선원이 외쳤다.

"그래! 넌 달아날 수 없지, 고래 녀석. 에이허브가 본때를 보여줄 테니 기다리라고."

스터브가 소리치자 선원들의 마음속에서 두려움은 사라지고 고래를 잡고 싶다는 욕망이 강하게 솟구쳤다. 에이허브가 외쳤다.

"모비 딕이 한 번만 물을 뿜고 가버렸을 리가 없다. 나를 끌어올려 줘!"

에이허브가 돛대 위에 오르기도 전에 하늘을 뒤흔들 듯이 요란한 소리가 들렸다. 모비 딕이 나타났다. 깊은 바닷속에서 갑자기 솟아오른 모비 딕은 마치 눈부신 산 같았다.

"태양 아래서 이렇게 살아 뛰어오르는 건 오늘이 마지막일 거다, 모비 딕!"

에이허브가 소리쳤다. 이어진 에이허브 선장의 명령에 따라 피쿼드호에는 한 사람만 남고 나머지 선원들과 선장은 세 척의 보트로 옮겨 탔다. 선장은 자기가 고래의 머리를 공격하겠다고 했다. 그러나 공격 준비를 하기도 전에 모비 딕은 미친 듯이 달려들어 세 척의 보트 사이로 들어왔다.

전투가 벌어졌다. 우리가 사방에서 작살을 날렸지만 모비 딕은 눈 하나 깜짝하지 않고 보트를 부숴 버리려 했다. 모비 딕의 등에 꽂힌 작살에는 보트와 연결된 밧줄들이 팽팽해져 있었다. 모비 딕은 보트 주위를 복잡하게 왔다 갔다 하면서 밧줄들을 엉키게 만들었다. 그러다 보니 보트들은 작살이 박힌 거대한 고래 등 뒤로 끌려가게 되었다.

에이허브는 칼로 재빠르게 밧줄 하나를 끊었다. 고래는 굉장한 힘으로 보트 두 척을 자기 꼬리 쪽으로 끌어당겨 산산조각 내버렸다. 에이허브는 부서진 보트에서 튕겨 나와 허우적거리는 선원들을 구하기 위해 배를 저었다.

그런데 갑자기 에이허브의 보트가 하늘로 치솟았다. 모비 딕이 그 거대한 이마로 보트 밑을 들이받아 선장의 보트를 공중으로 던져버렸던 것이다. 고래는 만족했는지 뒤엉켜 있는 밧줄을 끌고 자기 갈 길로 가버렸다.

고래가 사라진 뒤 물 위에 떠 있던 선원들과 선장을 구조하고 보니 모두 크고 작은 상처를 입었다. 에이허브는 고래 뼈로 만든 의족이 잘려 나갔다. 녀석에게 두 번째로 다리를 잃은 것이다. 그런데도 에이허브 선장은 힘주어 말했다.

"뼈가 부러졌어도 나는 포기하지 않아! 그 누구도 내 존재 자체에 손을 댈 수 없지."

작품 정보

『모비 딕』 (1851년), 허먼 멜빌 지음

드넓은 바다에서 펼쳐지는 인간과 향유고래와의 치열한 싸움을 그려낸 책입니다. 이 부분은 모비 딕 추격 둘째 날, 고래와의 싸움에서 졌지만 포기하지 않는 선장의 투지를 보여주는 장면입니다.

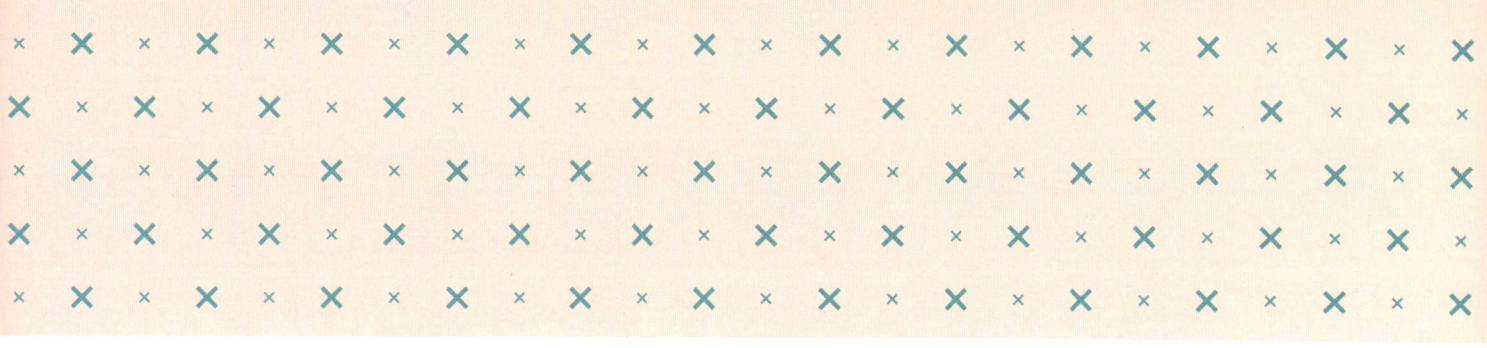

1. 다음은 고래 사냥을 나간 배 '피쿼드호'와 관련 있는 낱말들입니다. 바른 뜻을 찾아 줄로 이어주세요.

① 갑판 ・ ・ ㉠ 바람을 받아 배를 가게 하기 위해 뱃바닥에 세운 기둥에 매어 펴 올리고 내리도록 만든 넓은 천

② 돛 ・ ・ ㉡ 얕은 물에서 사람이나 장비를 나르는 데에 쓰는 작은 배

③ 돛대 ・ ・ ㉢ 큰 배 위에 나무나 철판으로 깔아 놓은 넓고 평평한 바닥

④ 보트 ・ ・ ㉣ 돛을 매달 수 있도록 배의 바닥에 세운 기둥

2. 다음 중 에이허브 선장이 한 말이 아닌 것을 고르세요.

① "모두 갑판으로 집합해 돛을 올려라."

② "녀석이 배 바로 앞쪽에서 물을 뿜고 있다!"

③ "이렇게 살아 뛰어오르는 건 오늘이 마지막일 거다, 모비 딕!"

④ "뼈가 부러졌어도 나는 포기하지 않아!"

3. 모비 딕은 어떤 고래였는지 알 수 있는 문장들을 찾아보며 빈칸을 채워 보세요.

몸집이 마치 눈부신 ☐처럼 컸다.

☐☐을 뒤흔들 듯이 요란한 소리를 냈다.

등에 ☐☐을 맞고도 보트들을 공격했다.

에이허브 선장은 모비 딕에게 두 번이나 ☐☐를 잃었다.

4. 다음 에이허브 선장의 말에서 빈칸에 알맞은 말을 차례대로 쓴 것을 고르세요.

뼈가 부러졌어도 나는 ☐☐하지 않아! 그 누구도 내 ☐☐ 자체에 손을 댈 수 없지.

① 포기-존재 ② 실수-존재 ③ 포기-고래 ④ 실수-고래

5. 밑줄 친 곳에 알맞은 말을 넣어 이야기 내용을 간추려 보세요.

_____ 선장이 이끄는 피쿼드호 선원들은 보트 세 척에 나누어 타고 _____ 을 공격했다. 그러나 모비 딕의 반격에 _____ 는 모두 부서지고 선원들은 부상을 입었다. 그래도 에이허브는 _____ 하지 않겠다고 했다.

24 피터 팬
모험의 나라 네버랜드

"어서 가자!"

피터 팬이 세 남매를 재촉하고는 먼저 밤하늘로 날아올랐다. 그 뒤를 존과 마이클, 웬디가 따라나섰다. 엄마, 아빠가 아이들 방에 도착했을 때 세 남매는 그 방에 없었다.

어린이들의 모험의 나라, 네버랜드로 가는 길은 멀고도 멀었다. 한숨도 못 자고 여러 날 동안 날아가야 했다. 문제는 아이들이 몹시 졸려 한다는 것이었다. 아이들은 툭하면 잠이 들었는데 그러면 날기를 멈추고 아래로 떨어져 버렸다. 떨어지는 마이클을 보고 웬디가 비명을 지르면 그제야 피터는 마이클을 구해 왔다. 피터는 아이들처럼 졸려 하지 않았다. 그의 몸은 몹시 가벼워 하늘에 누운 채 둥둥 떠다니면서 잠을 잘 수 있었기 때문이다.

가끔 서로 다투기도 했지만 아이들은 계속 웃고 떠들며 네버랜드로 향했다. 많은 낮과 밤을 보낸 끝에 그들은 드디어 네버랜드에 도착했다.

"바로 저기야."

피터가 점잖게 말하며 섬을 가리켰다. 수많은 빛의 화살들이 아이들을 위해 네버랜드를 가리키고 있었다. 날이 어두워지기 전에 아이들이 섬을 찾을 수 있도록 태양이 도와준 것이었다. 아이들은 한눈에 네버랜드를 알아보고 환호성을 질렀다.

그러나 해가 지고 태양의 화살들이 사라지자마자 네버랜드는 어둠에 파묻혀 버렸다. 흩어져 날던 아이들은 무서워서 피터 가까이 모여들었다. 피터의 얼굴에는 장난기가 사라지고 눈빛도 심각해졌다.

"저들이 우리가 섬에 내려서는 것을 싫어해."

피터가 말했다.

"저들이라니, 그게 누군데?"

웬디가 두려움에 떨며 작은 소리로 물었다.

"해적들이지. 저 아래 초원에서 해적 한 명이 잠을 자고 있어. 모험을 하고 싶다면 함께 내려가서 놈을 없애자."

"그런데 피터, 해적들의 대장이 누구야?"

"제임스 후크."

"후크는 원래 '검은수염호'의 갑판장이었어. 악당 중의 악당이야."

존이 동그래진 눈으로 말했다.

"맞아, 바로 그놈이야."

곧이어 해적들이 자기들에게 쏘는 대포 소리와 자기들을 찾는 고함 소리를 들은 세 아이는 섬뜩한 두려움을 느꼈다. 자신들이 상상했던 네버랜드와 현실의 네버랜드는 너무나도 달랐다.

작품정보

『피터 팬』 (1911년), 제임스 매슈 배리 지음

영원히 자라지 않는 아이 피터 팬과 인간 소녀 웬디가 환상의 나라 네버랜드에서 펼치는 모험 이야기입니다. 이 부분은 피터 팬을 따라온 웬디와 남동생들이 네버랜드에 도착해 해적들의 공격을 받는 장면입니다.

1. 다음 중 낱말의 사용이 어색한 문장을 고르세요.

① 아이들은 당장 놀이공원에 가자고 아빠를 **재촉**했다.

② 아빠가 허락하자 아이들은 **환호성**을 질렀다.

③ **해적**들은 선원들을 인질로 잡고 몸값을 요구했다.

④ 귀여운 강아지가 자는 걸 보니 **섬뜩한** 느낌이 들었다.

2. 피터 팬이 존과 마이클, 웬디를 데리고 간 곳은 어디였나요?

3. 이야기의 내용에 맞으면 O표, 틀리면 X표 하세요.

① 네버랜드는 멀리 있었지만, 하루 만에 도착할 수 있었다. (   )

② 피터 팬은 몸이 가벼워 하늘에 누운 채 둥둥 떠서 잘 수 있었다. (   )

③ 태양은 아이들이 네버랜드를 알아볼 수 있도록 도와주었다. (   )

④ 해적들은 네버랜드에 들어오는 아이들을 환영했다. (   )

4. 네버랜드에 대한 아이들의 생각이 바뀐 이유를 생각해 보며 맞는 말에 ○표 하세요.

아이들은 계속 (웃고 / 실망하고) 떠들며 네버랜드로 향했다.

아이들은 한눈에 네버랜드를 알아보고 (환호성 / 비명)을 질렀다.

해적들의 고함 소리와 (노래 / 대포) 소리를 들은 세 아이는 섬뜩한 두려움을 느꼈다.

5. 밑줄 친 곳에 알맞은 말을 넣어 이야기 내용을 간추려 보세요.

존과 마이클, 웬디는 _____을 따라 모험의 나라 _____로 날아갔다. 처음에는 _____을 지르던 아이들은 자기들이 섬에 들어오는 것을 싫어하는 해적들의 소리에 _____을 느꼈다.

피터 팬 **139**

25 셜록 홈스의 모험
잃어버린 왕관 조각

어느 날 아침 셜록 홈스는 창밖의 낯선 신사를 발견하고 나에게 말했다.

"집집마다 주소를 확인하고 있군. 곧 우리 집에 와서 내게 도움을 청할 것 같네, 왓슨."

그 말대로 잠시 후 홈스의 집으로 들어온 신사는 괴로운 듯 말했다.

"저는 미쳐버릴 것 같습니다. 이 끔찍한 사건을 꼭 해결해 주십시오."

"진정하시고 무슨 일인지 자세히 말씀해 보시지요."

신사는 긴 한숨을 내쉬고 이야기를 시작했다.

그는 은행장인 알렉산더 홀더 씨였다. 어제 어떤 부자가 은행에 와서 왕관을 담보로 맡길 테니 5만 달러를 빌려달라고 했다. 녹주석 서른아홉 개가 박힌 그 왕관의 값어치는 그가 빌리려는 돈의 두 배는 될 것이었다. 홀더 씨는 흔쾌히 5만 달러를 대출해주고, 그가 돈을 갚으면 왕관을 돌려주기로 했다. 홀더 씨는 그 귀한 왕관을 집으로 가져와 옷방 장롱 속에 숨겼다. 그리고 아들 아서와 조카 매리에게만 왕관 얘기를 했다.

한밤중 이상한 소리에 잠에서 깬 홀더 씨가 옷방으로 가보니 아서가 왕관을 들고 서 있었다. 그런데 보석 세 개가 박힌 왕관 한쪽이 없어졌다. 아들은 자신이 훔친 게 아니라고 하면서도 왕관 조각의 행방에 대해서는 입을 열지 않았다. 홀더 씨는 평소 행실이 좋지 않은 아들을 왕관 도둑이라고 생각해 아들을 경찰에 신고했다. 아들은 감방에 있고, 경찰은 더 이상

할 일이 없다고 하는데, 홀더 씨는 하룻밤 사이에 명예와 보석과 아들을 모두 잃었다는 것이었다. 그는 1천 파운드의 현상금까지 걸었다고 했다.

셜록 홈스는 홀더 씨에게 몇 가지 질문을 하더니 함께 사건 현장으로 가 홀더 씨 집 안팎을 꼼꼼히 살피고, 매리 양에게도 여러 가지 질문을 했다. 2층 옷방에 올라가 상자 속의 왕관도 살펴본 홈스는 홀더 씨에게 내일 아침 10시쯤 자기 집으로 오라고 했다.

다음 날 아침 홈스 집을 찾아온 홀더 씨는 슬픈 얼굴로, 함께 살던 조카 매리가 쪽지만 남겨놓고 사라져 버렸다고 말했다.

"매리가 떠나는 것이 그녀로서는 최선의 선택이었을 겁니다. 사건은 해결되었습니다."

홈스는 세 개의 녹주석이 박힌 왕관 조각을 탁자에 올려놓으며 말했다.

"범인은 매리의 남자친구 번웰 경입니다. 그는 매리에게 왕관 이야기를 듣고 왕관을 훔치라고 시킨 것입니다. 매리가 창 너머로 왕관을 내주는 것을 본 아서가 번웰 경을 쫓아가 격투 끝에 왕관을 찾아왔고, 그 과정에서 왕관 일부가 깨진 것입니다. 번웰 경이 팔아버린 왕관 조각을 제가 다시 사왔지요. 그러니 현상금은 저에게 주시면 됩니다. 아, 아드님이 이 모든 사실을 알고도 침묵을 지킨 까닭은 매리를 사랑하기 때문이겠지요. 매리는 지금 번웰 경과 함께 있겠지만요."

작품정보

『셜록 홈스의 모험』 (1892년), 아서 코난 도일 지음

명탐정 셜록 홈스가 친구 왓슨 박사와 함께 여러 가지 사건을 뛰어난 추리로 해결하는 이야기들을 모아놓은 책입니다. 이 부분은 셜록 홈스가 사라진 왕관 조각을 찾아주는 이야기입니다.

1. <보기>에서 각 문장에 어울리는 낱말을 골라 써보세요.

> **보기**
> 담보 값어치 대출 행실 현상금

① 연희는 마음이 착하고 ☐☐도 바르다.
② ☐☐☐ 없는 일에 매달리는 것은 시간 낭비야.
③ 현수는 집을 ☐☐로 은행에서 대출을 받았다.
④ 도서관에서 책을 세 권 ☐☐했다.

2. 셜록 홈스는 창밖의 낯선 신사가 자기 집으로 올 것을 어떻게 알았을까요? 다음 빈칸에 알맞은 낱말을 써 보세요.

"집집마다 ☐☐를 확인하고 있군. 곧 우리 집에 와서 내게 ○○을 청할 것 같네, 왓슨."

↳ 이 대화 글을 보면 전에도 홈스의 집 ☐☐를 들고 찾아와 ○○을 청한 사람이 많았을 것 같다. 그 경험으로 낯선 신사가 자기 집에 올 것을 알았을 것이다.

3. 홀더 씨에게 일어난 일을 시간 순서대로 번호를 써 보세요.

① 왕관을 상자에 넣어 집으로 가져와 옷방 장롱 속에 숨겼다. (   )

② 아들 아서와 조카 매리에게 왕관 이야기를 했다. ( )

③ 아들 아서가 왕관 도둑으로 몰려 감방에 들어갔다. ( )

④ 어떤 부자에게 왕관을 담보로 5만 달러를 대출해 주었다. ( )

⑤ 한밤중 옷방에서 왕관을 들고 서 있는 아들 아서를 보았다. ( )

4. 아서는 왕관 조각을 가져간 것이 번웰 경이라는 것을 알면서도 왜 아버지와 경찰에 사실대로 말하지 않았을까요?

① 아무도 자신의 말을 믿지 않을 것 같아서

② 매리를 사랑하기 때문에 그녀의 잘못을 덮어주려고

③ 번웰 경의 보복이 두려워서

④ 셜록 홈스가 사건을 해결해 줄 거라고 믿어서

5. 밑줄 친 곳에 알맞은 말을 넣어 이야기 내용을 간추려 보세요.

_____는 홀더 씨가 숨겨두었던 _____ 일부를 잃어버린 사건을 맡게 되었다. 사건 현장을 조사하고 _____ 와 이야기를 나누어 본 홈스는 매리의 남자친구 _____ 이 진짜 범인이라는 것을 밝혀내고 사라진 왕관 조각을 되찾아 온다.

고전 속으로

21. 『폭풍의 언덕』

『폭풍의 언덕』은 영국의 한 벽촌에서 나고 자라 서른의 짧은 생을 살다 간 작가 에밀리 브론테가 남긴 유일한 소설이다. 세상의 소란에서 벗어나 요크셔 지방을 찾은 '록우드'가 '워더링 하이츠'를 방문하면서 소설은 시작된다. '워더링 하이츠'는 '폭풍이 휘몰아치는 언덕'이라는 의미다. 집 안의 기묘한 분위기와 집안사람들에 호기심을 느낀 록우드는 가정부 '넬리'를 통해 삼대에 걸친 이야기를 전해 듣는다.

워더링 하이츠의 옛 주인 '언쇼'는 길거리에서 고아인 '히스클리프'를 데려와 자신의 아들딸인 '힌들리', '캐서린'과 함께 키운다. 언쇼는 히스클리프를 자기 자식처럼 키우지만 이내 세상을 떠나고, 집의 새로운 주인이 된 친아들 힌들리는 히스클리프를 못살게 군다. 히스클리프는 곁을 내주는 캐서린에게 의지하지만, 그녀마저 다른 남자와 결혼을 약속하자 워더링 하이츠를 떠난다. 시간이 흘러 다시 워더링 하이츠를 찾은 히스클리프는 힌들리와 캐서린에게 복수를 시작한다.

22. 『꿀벌 마야의 모험』

독일의 소설가이자 시인인 발데마르 본젤스는 젊었을 때부터 미지의 세계를 동경하여 유럽과 미국은 물론 아프리카 및 아시아를 여행하였다. 갖가지 곤충에 인간의 모습을 투영한 『꿀벌 마야의 모험』은 세계 각국어로 번역되어 큰 명

성을 얻었다. 작가 본젤스는 꿀벌 마야를 비롯해 여러 곤충을 의인화하여 자연의 신비로운 세계를 보여주고 그 안에 인간의 모습을 녹여냈다.

꿀벌 집 선생님인 카산드라가 마야에게 일벌이 해야 할 일들을 가르쳐 주지만 마야는 단조롭게 사는 것에 흥미를 잃는다. 새로운 세상에 대한 호기심이 강한 어린 꿀벌 마야는 평생 꿀만 모으며 살고 싶지 않다는 마음을 품고 있다. 그러던 어느 날 처음으로 꿀을 따기 위해 바깥세상으로 나온 마야는 처음 마주한 자연의 아름다움에 이끌려 모험을 떠나기로 결심한다. 그 여정 속에서 마야는 다양한 곤충들을 만나 갖가지 경험을 하게 된다. 마야는 잠자리 슈누크, 거미 한니발, 칠성무당벌레 알로이스 등 생긴 것도 다르고 성격도 가지각색인 곤충들과 이야기를 나누고 친구가 되면서 그저 어리기만 했던 꿀벌에서 믿음직스러운 꿀벌로 성장한다.

23. 『모비 딕』

『모비 딕』은 너대니얼 호손과 함께 19세기 미국 문학을 대표하는 작가 허먼 멜빌의 장편소설로, 현대 미국 상징주의 문학의 최고봉으로 꼽히는 작품이다. 드넓은 바다에서 펼쳐지는 고래와 인간과의 숨 막히는 싸움은 읽는 이들의 손에 땀을 쥐게 한다. 또한 선원들의 다양한 삶의 모습들을 통해 인생의 깊은 의미를 다시 한번 생각해 보게 한다.

피쿼드호의 선장 에이허브는 거친 파도를 헤치며 악명 높은 흰고래 모비 딕을 쫓아 오대양을 누비고 다닌다. 모비 딕에게 한쪽 다리를 물어뜯긴 뒤 복수를 위해 추적을 멈추지 않는 에이허브 선장은 한없이 '나약한 인간'을, 모비 딕은 인간이 정복할 수 없는 '자연'을 상징하고 있다. 악명 높은 고래 '모비 딕'은 실제 존재했다고 전해지는 '모카 딕'이라는 흉포한 고래를 본떠 그린 것이다. 또한 『모비 딕』내용 전체는, 19세기 드넓은 바다에서 종종 있었던 포경선과 강대한 고래와의 사투를 바탕으로 이루어져 있다.

24. 『피터 팬』

우리가 잘 알고 있는 『피터 팬』은 영국의 유명한 작가이자 극작가인 제임스 매튜 배리가 1904년 발표한 희곡 《피터 팬》을 바탕으로 다시 쓴 『피터와 웬디』이다. '피터 팬'이라는 인물은 작가의 꿈과 인생이 담긴 인물로, 1902년 어른을 위해 쓴 소설 『작고 하얀 새』에 나왔던 등장인물이다. 배리는 이 인물에 매력을 느껴 피터 팬을 주인공으로 어른과 아이가 함께 볼 수 있는 작품을 만들고 싶다고 생각했다. 그래서 탄생한 것이 『피터 팬』으로, 이 작품에는 어른을 위한 메시지와 아이를 위한 메시지가 공존한다.

어느 고요한 밤, 피터 팬과 그의 요정 팅커 벨은 웬디와 존, 마이클을 네버랜드로 데려간다. 아이들이 상상했던 것과는 달리, 네버랜드에는 즐거운 모험뿐 아니라, 아이들을 호시탐탐 노리는 후크 선장과 무시무시한 해적들도 있었다. 웬디와 동생들이 여러 가지 모험을 하며 네버랜드에서 즐겁게 지내는 동안, 부모님에 대한 기억은 점점 희미해지고 현실 세계에 있는 부모님의 고통은 더욱

커져만 갔다. 마침내 웬디와 존, 마이클이 집으로 가기로 결심했을 때, 후크 선장과 해적들이 아이들을 공격해 온다.

25. 『셜록 홈스의 모험』

셜록 홈스 이야기는 처음 발표되자마자 세상에 돌풍을 일으켰고 세계 각국에 소개되었다. 독자들은 괴팍한 성격과 탁월한 재능으로 카리스마를 풍기는 홈스의 모습에 매료되었다. 그 결과 홈스는 명탐정의 대명사가 되었고, 심지어 많은 독자가 그를 실제 인물이라고 믿기까지 했다. 셜록 홈스는 과학적으로 범인을 추적하는 탐정이다. 당시에는 과학적인 범죄 수사라는 개념 자체가 없었던 때였는데 작가 코넌 도일은 의사로서의 전문 지식을 충분히 발휘하여 범죄를 분석하는 것만으로도 범인을 찾을 수 있음을 보여주었다.

아무리 많은 돈을 조건으로 사건을 의뢰해 오더라도 내용이 시시하면 냉정하게 거절한 홈스는 자신의 친구이자 조수인 왓슨의 슬리퍼만 보고도 그가 감기에 걸렸음을 증명해 내는 천재 탐정이다. 그는 베일에 싸인 어떤 범죄라도 관찰과 추리로 해결할 수 있으며, 세계의 어떤 비밀조차도 이성과 논리로 모두 벗겨낼 수 있다고 단언한다. 그러면서도 투철한 비판의식과 뜨거운 정의감, 따뜻한 마음씨까지 갖춘 매력적인 인물이 바로 셜록 홈스이다.

글쓰기 연습 5

조사보고문 쓰기

『셜록 홈스의 모험』의 주인공 셜록 홈스는 사건을 해결하기 위해 사건 현장에 가보고 사건과 관련된 사람들을 인터뷰합니다. 이런 활동이 '조사'입니다.
자신이 조사한 내용을 정리해 조사보고문을 써 봅시다.

조사보고문은 어떻게 쓸까요?

조사보고문은 궁금한 사건이나 사물을 알기 위해 여러 가지 방법으로 연구하거나 조사한 다음, 그 내용과 결과를 다른 사람에게 알려 주는 글입니다.

1. 주제를 정하고 조사를 합니다.
조사 방법에는 책이나 인터넷에서 정보를 찾는 방법, 관련된 장소에 직접 가보는 방법, 관련된 사람을 만나 인터뷰하는 방법 등이 있습니다.

2. 조사한 내용을 글로 씁니다.
조사한 내용을 정확하게 쓰고, 읽는 사람이 이해하기 쉽도록 써야 합니다.

3. 자료를 덧붙이면 좋습니다.
조사 과정과 결과와 관련된 사진, 그림, 표 등을 덧붙이면 읽는 사람이 이해하는 데 도움이 됩니다.

(예) 〈조사보고문〉
- 조사한 사람: ○○○(내 이름)
- 조사한 날짜: 2024년 4월 1일
- 조사한 주제: 어른들의 어린 시절 놀이
- 조사 목적: 옛날의 놀이와 오늘날의 놀이를 비교해 보기 위해
- 조사 대상: 외할아버지, 외할머니
- 조사 방법: 인터뷰
- 조사 결과: 외할아버지는 국민학교 때 딱지치기와 구슬치기를 엄청나게 잘했다고 하셨다. 딱지는 달력 종이나 다 쓴 공책 표지를 접어서 직접 만들었다고 하셨다. 할아버지는 어떤 딱지도 뒤집을 수 있는 왕딱지를 잘 만드셨고, 친구들과 시합만 하면 이겨서 집에 딱지와 구슬이 항상 많았다고 하셨다.
  외할머니도 딱지치기, 구슬치기도 하셨지만, 고무줄놀이와 공기놀이를 제일 많이 하셨다고 한다. 고무줄과 공기는 크고 무겁지 않아서 신발주머니에 넣고 다니며 쉬는 시간마다 하셨다고 한다. 집에서 이모할머니와 놀 때는 종이 인형을 만들어 옷을 갈아입히며 인형 놀이를 하셨다고 한다.
- 조사하고 느낀 점 옛날에는 집 밖에서 하는 놀이가 많았고, 지금은 스마트폰이나 게임기로 하는 놀이가 많다. 딱지치기는 지금도 있지만 딱지를 만드는 아이들은 별로 없고 문구점이나 마트에서 딱지를 산다. 왕딱지 접는 법과 종이 인형 만드는 법을 배워 보고 싶다.

'요즘 우리 가족들이 열심히 하고 있는 것'을 조사한 뒤 조사보고문을 써 보세요. (조사 주제를 바꿔도 됩니다.)

〈조사보고문〉

· 조사한 사람:

· 조사한 날짜:

· 조사한 주제: 요즘 우리 가족들이 열심히 하고 있는 것

· 조사 목적:

· 조사 대상:

· 조사 방법:

· 조사 결과:

· 조사하고 느낀 점:

정답 및 해설

1. 크리스마스 캐럴

> **정답**
> 1.② 2.① 3.외로웠던, 책을 읽었다, 교훈 4.④ 5.차가운, 과거의 크리스마스, 책, 교훈, 돈

해설 1. ①교화: 가르치고 이끌어서 좋은 방향으로 나아가게 함, ②교훈: 앞으로의 행동이나 생활에 지침이 될 만한 것을 가르치는 것 또는 그 가르침('가는 날이 장날이라는 속담이 있다'가 어울립니다.), ③의미심장: 뜻이 매우 깊음, ④환영: 눈앞에 없는 것이 있는 것처럼 보이는 것
2. 유령은 스크루지의 과거를 보여주어 교화시키러 왔다고 했습니다. 교화시킨다는 것은 과거의 잘못을 뉘우치고 마음을 바꾸게 하는 것입니다. 스크루지에게 복수하려고 온 것은 아닙니다.
3. 어린 시절 스크루지는 따돌림을 당해 외로웠습니다. 그는 학교에서 혼자 남아 책을 읽곤 했습니다. 그때 읽었던 책 속의 주인공들과 교훈들을 떠올리자 스크루지는 어젯밤 자신이 소년을 내쫓은 일을 후회했습니다.
4. 아가씨의 대화 글에 스크루지가 약혼할 때와는 다른 사람이 되어 돈만 중요하게 생각한다고 했습니다.
5. 스크루지는 돈만 중요하게 생각하고 차가운 마음을 가진 사람이었습니다. 그에게 과거의 크리스마스 유령이 나타나 스크루지의 과거를 보여줍니다. 스크루지는 책에서 즐거움과 교훈을 얻고 돈보다는 사랑을 소중하게 생각했던 지난날의 자신을 떠올리게 됩니다.

2. 아라비안나이트

> **정답**
> 1.① 2.의사, 학자, 왕 3.①3, ②4, ③2, ④1 4.④ 5.도우반, 신하들, 사형, 책장

해설 1. '시세'는 일정한 시기의 물건값을 말합니다. 시기, 질투와 전혀 다른 낱말입니다.
2. 첫 문단에서 도우반은 의사이면서 훌륭한 학자라고 했습니다. 그리고 도우반이 시키는 대로 하자 다음 날 왕의 병이 말끔히 나았다고 했습니다.
3. 도우반이 왕의 병을 낫게 하자 그를 질투한 신하들이 도우반을 모함했습니다. 왕은 도우반을 사형시킨 뒤 도우반이 독을 발라둔 책장을 침 묻혀 넘기다가 죽고 말았습니다.
4. 도우반은 왕의 병을 고쳐주지 말 걸 그랬다고 후회했습니다. 그러니 처음부터 왕을 죽이려 한 것은 아닙니다.
5. 깊은 병을 앓고 있던 왕은 자신의 병을 고쳐 준 도우반을 후하게 대접합니다. 그것을 시기한 신하들이 도우반을 모함하자 왕은 도우반을 사형에 처합니다. 도우반은 죽기 직전 책장에 독을 묻혀 두어 왕마저 죽게 만듭니다.

3. 작은 아씨들

> **정답**
> 1. ③ 2. 활기, 눈싸움 3. ①메그, 베스, 에이미, ②로렌스 4. ①ⓒ, ②㉠, ③ⓛ, ④㉣ 5. 조, 로렌스, 자매, 책, 서재

해설 1. '고풍스럽다'는 '보기에 예스러운 데가 있다'는 뜻입니다.
2. 조는 로렌스 씨 집이 활기가 없어 보이고 로리가 에이미와 베스가 눈싸움하는 걸 부러운 눈길로 내려다보는 것을 발견해 로리와 친해질 계획을 세운 것입니다.
3. 조의 가족: 엄마, 메그 언니, 조, 에이미와 베스 / 로리의 가족: 로렌스 할아버지와 로리 이야기만 나옵니다.
4. 조가 로리의 집을 찾아간 일이 인정 많다고 할 수도 있겠지만, 이야기 나누어 본 적도 없는 로리의 집에 먼저 찾아간 행동은 조의 적극적인 성격을 보여줍니다.
5. 조는 외로워 보이는 이웃집 소년 로리와 친해지기 위해 로렌스 씨(로리의 할아버지) 집을 방문합니다. 로리가 평소 조의 어머니와 자매들의 모습이 정다워 보였다고 하자 조는 로리를 자신의 집에 초대합니다. 로리는 조도 책을 좋아한다는 것을 알게 되어 할아버지의 서재를 보여줍니다.

4. 80일간의 세계일주

> **정답**
> 1. ③ 2. ① 3. 80, 리폼 클럽, 2만 4. 런던, 홍콩, 22 5. 정확한, 신문기사(신문), 리폼 클럽, 내기

해설 1. ①~④모두 '일주'의 뜻입니다. 이 글에서는 '일정한 경로를 한 바퀴 도는 것'이라는 의미로 쓰였습니다.
2. ②석탄을 연료로 사용하는 난로, ③세계 일주하는 데 3개월이나 걸린다는 것, ④ 뉴욕에서 런던까지 비행기가 아니라 배와 기차로 이동하는 것 등은 이 이야기가 오늘날과 다른 시대를 그리고 있음을 알 수 있습니다.
3. 마지막 문단에서 내기 내용을 설명하고 있습니다. 80일 만에 세계 일주를 마치고 런던의 리폼 클럽으로 돌아오는 것입니다. 실패하면 포그가 건 돈 2만 파운드를 회원들이 나눠 갖고, 성공하면 회원들이 포그에게 2만 파운드를 주기로 했습니다.
4. 「데일리 텔레그래프」라는 신문 기사 내용입니다. 출발지인 런던에서 수에즈까지 기차와 배로 7일, 콜카타에서 홍콩까지 배로 13일, 요코하마에서 샌프란시스코까지 배로 22일 걸린다고 쓰여 있습니다.
5. 필리어스 포그는 매사에 정확한 성격이었습니다. 그는 신문 기사를 보고 나름의 계산으로 세계 일주가 80일 만에 가능하다고 확신합니다. 그와 리폼 클럽 회원들은 2만 파운드를 걸고 포그의 80일간의 세계 일주 내기를 시작합니다.

5. 올리버 트위스트

> **정답**
> 1.①ⓒ, ②ⓒ, ③ⓒ, ④㉠ 2.①낸시, ②베드윈 부인, ③브라운로 3.①○, ②×, ③×, ④○ 4.④ 5.올리버, 브라운로, 책값(돈), 악당

해설 1. '실랑이'는 '서로 자기주장을 고집하며 옥신각신하는 일'을 말합니다. '승강이'와 비슷한 뜻을 가진 낱말입니다.

2. ①낸시가 올리버에게 거짓으로 한 말입니다. ②베드윈 부인이 올리버를 가리키며 브라운로 씨에게 한 말입니다. ③브라운로가 친구 그림 위그에게 올리버를 자랑하고 있습니다.

3. ②그림 위그는 브라운로에게 올리버가 돈을 갖고 소매치기 친구들에게 갈 것이라고 말했습니다. 착한 아이라고 생각하지 않습니다. ③올리버는 브라운로 할아버지에게 감사한 마음이 샘솟아 심부름 잘하는 모습을 보여드리고 싶다는 생각을 했습니다.

4. 낸시가 올리버에게 한 말이나 행동은 거짓입니다. 낸시는 올리버의 누나도 아니었고, 올리버를 데려간 곳도 올리버의 집이 아니라 악당의 소굴이었습니다.

5. 브라운로 할아버지는 올리버를 보살펴 주던 마음 좋은 분이었습니다. 할아버지의 심부름으로 책방에 책값을 갖다주게 된 올리버는 심부름을 잘하고 싶었습니다. 그러나 책값을 갖고 길을 나선 올리버는 악당 빌 사이크스의 소굴로 끌려가고 말았습니다.

6. 호두까기 인형

> **정답**
> 1.④ 2.①사탕 과자, ②설탕 인형, ③드레스 3.② 4.①×, ②○, ③○, ④× 5.마리, 생쥐 왕, 왕관

해설 1. ①표시: 겉으로 드러내 보임, ②표현: 생각이나 느낌 따위를 언어나 몸짓 따위의 형상으로 드러내어 나타냄, ③표지: 표시나 특징으로 어떤 사물을 다른 것과 구별하게 함, 책의 맨 앞뒤의 겉장.

2. 생쥐 왕이 마리에게 처음에 달라고 한 것은 사탕 과자입니다. 두 번째 나타나서는 설탕 인형과 트라간트 과자 인형을 내놓으라고 합니다. 세 번째로 달라고 한 것은 그림책과 드레스입니다.

3. ②마리는 사탕 과자를 모두 잃었지만 호두까기 인형을 구해 기뻤다고 했습니다.

4. ①군인이라 싸우는 것을 좋아한다는 내용은 없습니다. ②③호두까기 인형의 대화 글에 마리가 자신을 구하려고 한 일게 감사한다는 말과 소중한 마리의 그림책과 드레스를 잃게 할 수는 없다는 내용이 나옵니다. ④생쥐 왕이 호두까기 인형에게 결투를 신청하는 내용은 없습니다.

5. 마리는 호두까기 인형을 물어뜯겠다는 생쥐 왕의 협박을 받고 자신이 아끼는 것들을 내주었습니다. 그러나 생쥐 왕이 마리의 그림책과 드레스까지 요구하자, 그 사실을 알게 된 호두까기 인형이 생쥐 왕을 물리치겠다고 합니다. 싸움에서 이긴 호두까기 인형은 승리의 표식으로 생쥐 왕의 왕관을 마리에게 줍니다.

7. 메리 포핀스

> **정답**
> 1. ① 2. ①×, ②○, ③○, ④× 3. ② 4. 조카, 즐거워서, 특별한 5. 메리 포핀스, 위그 씨, 웃음 가스

해설 1. ②, ③은 이모, ④는 고모입니다.
2. ①제인과 마이클은 남매입니다. 메리 포핀스가 두 아이의 보모라고 했으니 둘은 가족이지요. ④메리 포핀스는 공중에 뜬 세 사람과 함께하기 위해 탁자를 공중에 띄우고 자신도 공중에 떠서 케이크를 먹고 차를 마십니다.
3. ②메리 포핀스는 공중에 뜬 삼촌에게 '오늘은 삼촌 생일이 아니잖아요'라고 말했습니다.
4. 글 속에는 삼촌의 몸이 공중에 뜬 이유가 직접 나오지는 않습니다. 그러나 세 사람이 방문할 것을 알고 식탁에 맛있는 케이크들과 네 개의 찻잔을 준비해 두고, 세 사람이 들어오자 '와줘서 정말 기쁘구나!'라고 말하는 장면이 나옵니다. 아마도 생일도, 금요일도 아니지만 세 사람을 초대한 특별한 날이라 기쁜 마음에 많이 웃어서 삼촌의 몸이 둥둥 떴을 것으로 추측할 수 있습니다.
5. 제인과 마이클 남매는 보모 메리 포핀스와 함께 위그 씨의 집을 방문합니다. 위그 씨는 풍선처럼 공중에 둥둥 떠 있었고, 그걸 보고 웃은 아이들에게도 웃음 가스가 전염되었습니다. 결국 네 사람 모두 둥둥 뜬 채로 즐겁게 보냈습니다.

8. 돈키호테

> **정답**
> 1. ①ⓒ, ②ⓔ, ③㉠, ④ⓑ 2. 기사, 투구, 로시난테, 성 3. ② 4. ①○, ②×, ③○, ④○ 5. 돈키호테, 여관 주인, (가짜) 기사 임명(기사 임명식)

해설 1. ①'기사'의 여러 가지 뜻: 신문이나 잡지에서 어떤 사실을 알리는 글, '운전사'를 높여 부르는 말, 중세 유럽에서 봉건 영주에 딸린 무사
2. 돈키호테는 자신을 기사라고 생각해 갑옷과 투구를 걸친 채 로시난테라는 말을 타고 가다가 성처럼 보이는 여관에 묵게 되었습니다.
3. ②공손히 인사한 것은 여관 주인입니다. 여자들은 돈키호테의 차림새를 보고 웃음을 터뜨렸습니다.
4. ②돈키호테는 마른 생선과 시커먼 빵 한 조각을 먹었는데도 최고의 요리를 대접받았다며 감사 인사를 했습니다. 그는 맛있는 음식을 배불리 먹는 것을 중요하게 생각하지 않았습니다.
5. 자신을 기사라고 생각한 돈키호테는 갑옷과 투구를 걸치고, 로시난테라는 말을 타고 길을 나섰습니다. 여관 주인은 돈키호테를 손님으로 맞이했지만, 정신이 이상한 사람이라 여겨 골탕 먹이려다 너무 큰 말썽을 일으킬까 두려워, 기사 임명식을 해서 급히 여관에서 내보냅니다.

9. 지킬 박사와 하이드 씨

정답
1.④ 2.④ 3.①3, ②1, ③2, ④4 4.친구, 지킬, 경고 5.래니언, 지킬, 하이드

해설 1. ①하인: 남의 집에 매여 일을 하는 사람, ②감독관: 지휘하고 단속하는 직책을 맡은 사람, ③경비원: 경비의 임무를 맡은 사람

2. ④나(래니언)는 자신의 집을 찾아온 하이드에게 상자를 주었습니다. 약을 마신 하이드는 지킬로 변했습니다. 지킬이 하이드로 변한 것이 아닙니다.

3. 래니언과 지킬이 식사를 한 것은 편지를 받기 전날입니다. 편지를 받아 내용을 보니 지킬의 집에서 상자를 가져다 래니언의 집에 두라는 것이었습니다. 자정이 되니 하이드가 나타나 그 상자 속의 약품들로 액체를 만들어 마시고 지킬로 변했습니다.

4. 마지막 문단에 '내 오랜 친구 지킬'이라는 표현이 나옵니다. 그리고 지킬의 편지에 래니언이 실패하면 지킬이 곧 죽거나 미칠 거라는 경고가 적혀 있었습니다.

5. 래니언은 자신의 오랜 친구 지킬의 편지를 받고 편지에 적힌 대로 지킬의 집에서 상자를 가져왔습니다. 자신의 집을 찾아온 하이드에게 그 상자를 내주자, 그는 그 안의 약들을 섞어 만든 액체를 마셨습니다. 그러더니 하이드는 지킬로 변했습니다.

10. 파랑새

정답
1.② 2.③ 3.관심, 행복들, 감사 4.①ⓒ, ②ⓒ, ③㉠, ④㉣ 5.틸틸, 행복, 행복(들), 즐거워지

해설 1. 어렴풋이: 기억이나 생각 따위가 뚜렷하지 아니하고 흐릿하게.(물체나 소리가 뚜렷하지 않고 흐릿하고 희미하게)

2. ①틸틸과 대장 행복이 주로 대화를 주고받지만 여러 행복들도 등장합니다. ②틸틸이 잘 모르는 것은 '행복'에 대한 것입니다. ③대장 행복이 틸틸에게 여러 행복들을 소개해 주었습니다. ④건강해지는 행복(대장 행복)은 자신이 '가장 잘생기지는 않았지만 가장 중요한 행복'이라고 했습니다.

3. 틸틸 집이 행복으로 가득하기 때문에 틸틸이 행복에게 좀 더 관심을 가지면 쉽게 알아볼 수 있다고 했습니다.

4. 마지막 문단에서 행복을 소개한 문장들을 잘 살펴보세요.

5. 틸틸은 자신과 미틸을 둘러싸고 춤을 춘 뒤 다가온 대장 행복과 이야기를 나눕니다. 대장 행복은 틸틸의 집이 여러 가지 행복으로 가득하지만, 자신이 보지 못했을 뿐이라는 것을 알게 됩니다. 또한 행복들은 항상 틸틸의 삶이 밝고 즐거워지도록 도와줄 것이라고 했습니다.

11. 눈의 여왕

정답
1.①ⓒ, ②㉠, ③㉣, ④ⓒ 2.① 3.천사들, 산산조각, 모든 나라 4.④ 5.악마, 거울, 눈, 심장(가슴), 카이

해설 1. ①오누이는 오빠와 여동생 또는 누나와 남동생을 뜻하므로 남매와 같은 말입니다.
2. ①악마의 거울은 좋은 것은 무조건 작게 비추어 보이지 않게 한다고 했습니다.
3. 악마는 세상 모든 사람이 자신이 만든 거울을 보게 된 후 이제 천사들을 비춰보고 싶었다고 했습니다. 그런데 땅에 떨어져 산산조각이 난 거울은 작게 부서져 전 세계 모든 나라로 흩어져 날아갔다고 했습니다.
4. ①카이와 게르다 '둘은 오누이처럼 사이좋은 친구'라고 했습니다. ②카이가 비명을 지르면서 가슴과 눈에 뭔가 들어갔다고 했으니 이것 때문에 비명을 지른 것입니다. ③마지막 문장에 카이의 눈과 가슴에 거울 조각이 박혔다는 설명이 나옵니다.
5. 악마는 무엇이든 안 좋게 보이는 거울을 만들었는데 산산조각 난 거울 조각이 세계 모든 나라에 흩어져 날아갔습니다. 그 거울 조각이 눈에 박히면 나쁜 면만 보게 되고 심장에 박히면 심장이 차갑게 얼어붙게 되는데, 카이의 눈과 가슴에 그 거울 조각이 박히고 말았습니다.

12. 로빈 후드

정답
1.①㉠, ②ⓒ, ③ⓒ, ④㉣ 2.①○, ②×, ③○, ④× 3.④ 4.①예의바르다 ②지혜롭다 ③자비롭다 ④대담하다
5.히아퍼드 경, 할머니, 로빈 후드

해설 1. ①반역자: 나라를 다스리는 권한을 뺏으려는 사람, ②영웅: 지혜와 재능이 뛰어나고 용맹해 어려운 일을 해내는 사람, ③포위: 주위를 에워쌈, ④자비: 남을 사랑하고 가엾게 여김
2. ②히아퍼드 경은 로빈 후드를 약속의 나무로 데려가 교수형에 처하라고 했습니다. ④병사들은 옷만 보고 할머니를 로빈 후드로 착각해 체포했습니다.
3. 할머니는 '당신에게 은혜를 갚을 수 있게 되다니'라고 말했습니다. 2년 전 로빈 후드가 병든 자신을 도와준 은혜를 뜻합니다.
4. ①~④의 답을 모으면 로빈 후드는 예의 바르면서 지혜롭고, 자비로우면서도 대담한 사람이라는 것을 알 수 있습니다.
5. 로빈 후드는 히아퍼드 경에 쫓겨 죽을 위기에 처했습니다. 몸을 숨기러 들어간 집에서 2년 전 로빈 후드가 도와준 적이 있는 할머니를 만나 옷을 바꿔 입습니다. 병사들은 옷만 보고 할머니를 체포했고, 무사히 빠져나갔던 로빈 후드가 병사들에게서 할머니를 구해냈습니다.

13. 하이디

> **정답**
> 1.③ 2.② 3.앞을 볼 수 없어서 4.페터 할머니, 엄마·아빠, 알프스 할아버지 5.하이디, 썰매, 페터 할머니, 할아버지

해설 1. ①오두막, ②덧문, ④썰매
2. 페터 할머니가 '우리 세 식구가 모두 깔려 죽을까봐 걱정'이라고 했으니 할머니, 엄마, 페터 이렇게 세 식구입니다.
3. 할머니는 하이디에게 자신은 앞을 볼 수 없다고 말했습니다.
4. ①페터 할머니는 어린 여자애가 할아버지 집에서 견디기 힘들 거로 생각했다고 말했습니다. ②앞이 안 보이는 할머니에게 페터 엄마가 하이디의 생김새를 설명해 주었습니다. 엄마 아빠를 골고루 닮았다고 했지요. ③마지막 문장에 페터 할머니가 집을 고쳐 준 알프스 할아버지를 칭찬했다는 말이 나옵니다.
5. 하이디는 할아버지의 썰매를 타고 페터네 집으로 갔습니다. 처음 만나는 페터 할머니에게 재미있는 이야기를 들려드리고 해가 지자, 집으로 돌아갔습니다. 하이디의 부탁을 받은 할아버지가 낡아서 삐걱거리는 페터네 집을 수리해 주었습니다.

14. 빨간 머리 앤

> **정답**
> 1.①ⓒ, ②㉠, ③㉣, ④㉢ 2.② 3.③ 4.①3, ②4, ③1, ④2 5.마릴라, 집안일, 앤, 초록색

해설 1. ①온기: 따뜻한 기운, ②기척: 소리나 기색, ③절망: 희망을 끊어 버림, ④행상: 돌아다니며 물건을 파는 사람
2. 첫 문단에 집에 가면 앤이 집에 장작불을 피워 놓고 따뜻한 차를 준비해 두었을 거로 생각하는 마릴라의 기쁜 마음이 나타납니다.
3. 마릴라는 앤이 다이애나와 허튼짓하고 돌아다니느라 집안일을 돌보지 않았다고 매슈에게 말했습니다.
4. 일이 일어난 순서대로, 앤이 염색을 함 → 염색이 괴이하게 되어 앤이 방에 틀어박힘 → 마릴라는 집에 앤이 밖에서 노느라 집에 안 온 줄 알고 화가 남 → 마릴라가 앤의 괴이하게 염색된 머리카락을 잘라줌
5. 외출에서 돌아온 마릴라는 앤이 집안일을 안 해놓고 놀러 다니느라 집에 없는 줄 알고 화를 냈습니다. 자기 방에 틀어박혀 있던 앤을 발견해 사실을 확인해 보니 앤이 염색을 잘못해 초록색 머리가 되어 절망했던 것입니다. 일주일 뒤 마릴라는 앤의 머리를 짧게 잘라주었습니다.

15. 파브르 곤충기

> **정답**
> 1. ①㉠, ②㉢, ③㉣, ④㉡ 2. 곤충, 학사, 괴로움, 레옹 뒤프레 3. 분류, 활동 4. ④ 5. 파브르, 레옹 뒤프레, 곤충 연구, 붉은병정개미

해설 1. ①학사: 대학에서 주는 학위, ②공로: 노력과 수고, ③보수: 일한 대가로 주는 돈, ④대부: 영향력이 큰 지도자(남자)

2. 파브르는 어린 시절 곤충에 관심이 많았다고 했습니다. 학사 자격증을 여러 개 받았지만, 가난한 교사의 괴로움을 잊으려고 책을 읽었다고 했습니다. 레옹 뒤프레의 책을 읽고 곤충 연구를 결심했다고 했지요.

3. 파브르는 동물학은 분류만 하는 것이 아니라 동물들의 몸 전체의 생김새나 활동 모습을 관찰해야 한다고 했습니다.

4. ④'해가 지고 노을이 물들기 시작할 무렵' 사냥 행렬이 나타난다고 했습니다.

5. 파브르는 어려서부터 곤충에 관심이 많았고, 25년 동안 교사로 근무하다가 레옹 뒤프레의 책을 읽고 곤충 연구를 하기로 마음먹었습니다. 그가 관찰한 동물 중 붉은병정개미는 다른 개미의 번데기를 훔쳐다가 일꾼으로 키웁니다.

16. 그리스·로마 신화

> **정답**
> 1. ① 2. ④ 3. 에우리스테우스, 없애, 열두 4. ③ 5. 제우스, 헤라클레스, 헤라, 과업

해설 1. ②신전: 신을 모셔둔 곳, ③신화: 신들의 이야기, ④과업: 해야 하는 일이나 임무

2. 화가 난 헤라가 헤라클레스의 탄생을 늦추자 운명이 바뀌어 헤라클레스 대신 에우리스테우스가 미케나이의 왕이 되었다고 했습니다.

3. 에우리스테우스는 헤라클레스가 못마땅하고 두려워 그를 없애려고 인간이 이룰 수 없는 열두 가지 과업을 내렸다고 했습니다.

4. 아르테미스 여신의 황금 뿔 사슴을 잡아 오라는 과업이 있고, 엄청나게 넓은 가축우리를 하루 만에 청소하라는 과업이 있습니다. 그러나 아르테미스 여신의 신전을 청소하라는 과업은 없습니다.

5. 헤라클레스는 제우스와 인간 사이에서 태어나 엄청난 힘과 뛰어난 예지력을 가졌습니다. 그러나 그를 시샘한 헤라가 광기를 불어넣은 바람에 헤라클레스는 자기 자식들을 죽이게 됩니다. 그 죄를 씻기 위해 열두 가지 과업을 완수합니다.

17. 로미오와 줄리엣

> **정답**
> 1. ④ 2. 줄리엣, 로미오, 무덤 3. ①3, ②4, ③1, ④5, ⑤2 4. ③ 5. 줄리엣, 로미오, 결혼, 결혼식

해설 1. '하소연'은 억울한 일이나 잘못된 사정을 말하는 것입니다. 오빠의 대학 합격은 '자랑'할 일입니다.
2. 캐퓰렛 경은 줄리엣이 부끄러워서 결혼하지 않겠다고 우기는 줄 알았습니다. 그러나 줄리엣은 사랑하는 남편 로미오를 두고 다른 사람과 결혼하느니 무덤에 들어가는 게 낫다고 로렌스 신부에게 말했습니다.
3. 일이 일어난 순서대로, 줄리엣이 로미오와 비밀 결혼을 하고 로미오가 떠남, 그걸 모르는 캐퓰렛 경이 줄리엣을 패리스 백작과 결혼시키려 함, 줄리엣이 로렌스 신부를 찾아가 결혼을 피할 방법을 물어봄, 로렌스 신부가 잠에 빠지는 약을 줌, 줄리엣이 패리스 백작에게 결혼하겠다고 말해 안심시킴.
4. 줄리엣은 사랑하는 로미오와 결혼한 처지라 다른 사람과 결혼하느니 무덤에 들어가는 게 낫다고 했습니다. 그러니 패리스 백작과 기쁜 마음으로 결혼하는 내용은 뒷이야기로 자연스럽지 않습니다.
5. 캐퓰렛 경은 딸 줄리엣에게 패리스 백작과 결혼하라고 했습니다. 그러나 이미 로미오와 비밀 결혼을 한 줄리엣은 패리스 백작과의 결혼을 피하기 위해 로렌스 신부를 찾아가 도움을 청합니다. 로렌스 신부는 줄리엣에게 결혼식 날 죽은 것처럼 보이도록 잠에 빠지는 약을 주면서 계획을 말해 줍니다.

18. 노인과 바다

> **정답**
> 1. 아들, 사자 2. 작은, 조수, 경험 3. ② 4. 패배, 파괴, 진, 멀리 5. 노인(산티아고), 청새치, 상어, 진

해설 1. 아들이나 사자는 바다와 거리가 멉니다.
2. 첫 문단에 산티아고가 작은 배를 타고 고기잡이를 하는 노인인데, 84일 동안 물고기를 잡지 못해 조수 마놀린이 떠나갔다는 내용이 나옵니다. 그렇지만 그는 낚싯줄만 당겨 보고도 청새치가 잡힌 것을 아는 경험 많은 어부라고 했습니다.
3. 마놀린의 부모는 마놀린을 다른 어부에게 조수로 보냈지만 마놀린은 혼자 고기잡이를 나가는 노인을 배웅했습니다. 무시하지 않았지요.
4. 노인은 상어 무리에 맞서 싸우면서 인간은 파괴를 당할 수는 있어도 패배란 있을 수 없다고 했습니다. 상어들에게 물고기를 뺏기고 항구로 돌아와서는 자신은 진 것이 아니라 멀리 나갔다 왔을 뿐이라고 말했지요.
5. 오랫동안 물고기를 한 마리도 잡지 못했던 노인은 혼자 바다로 나간 어느 날 거대한 청새치를 낚았습니다. 그러나 피 냄새를 맡고 몰려드는 상어 무리에게 청새치를 다 빼앗기고 말았습니다. 그러나 항구에 돌아온 노인은 자신은 진 것이 아니라고 말했습니다.

19. 해저 2만 리

> **정답**
> 1.③ 2.①아로낙스, ②고래, ③하인, ④노틸러스 3.잠수함 4.④ 5.아로낙스, 바다(북태평양), 잠수함, 네모, 심해

해설 1. 나머지는 비슷한말끼리 이어졌습니다. ③심해: 깊은 바다 - 천해: 얕은 바다, 반대의 뜻을 갖고 있습니다.
2. ①'파리 자연사 박물관의 교수인 나'라고 했습니다. 네모 선장이 그를 '아로낙스 박사'라고 불렀지요. ②'고래사냥꾼 네드'라는 표현이 있습니다. ③'나'가 '내 하인 콩세유'라고 했습니다. ④마지막 문장에 노틸러스호라는 잠수함의 이름이 나오고, 선장은 승객들에게 자신을 네모 선장이라 부르라고 했습니다.
3. '사람들이 이 물체가 잠수함인지 괴물인지 궁금해했다'고 했으니 둘 중 하나를 골라 쓰면 됩니다. 그런데 빈칸이 세 칸이고, '등이 철판으로 되어 있는 잠수함'이라는 말이 나오지요.
4. 네모 선장은 아로낙스 박사가 심해에 관해 쓴 책을 자주 읽었다고 했습니다. 아로낙스 박사는 심해에 관심이 많은 사람임을 알 수 있습니다. 그러니 '경이로운 곳들을 탐험하게 될 것'이라는 네모 선장의 말에 마음이 끌렸을 것입니다.
5. 세계 여러 바다에서 괴상한 물체가 목격되자 나(아로낙스 박사)는 그 물체를 조사하러 가는 링컨호에 타게 되었습니다. 바다(북태평양)로 나갔다가 우연히 그 물체 뒤에 올라타게 된 박사 일행은 그것이 잠수함이라는 것을 알게 되었습니다. 그들은 네모 선장의 제안대로 잠수함을 타고 심해를 탐험하기로 했습니다.

20. 로빈슨 크루소

> **정답**
> 1.①야만인, ②선원, ③문명, ④은신처 2.①○, ②○, ③×, ④○, ⑤○ 3.야만인, 의식, 은신처 4.②,③ 5.로빈슨 크루소(나), 무인도, 식인종(야만인), 프라이데이

해설 1. ①야만인: 미개하여 문화 수준이 낮은 사람, ②선원: 배의 승무원, ③문명: 인류가 이룩한 기술적, 문화적 발전 ④은신처: 몸을 숨기는 곳
2. ③아버지는 로빈슨 크루소가 법률 공부하기를 원했지만 로빈슨 크루소는 항해를 해서 선원이자 상인이 되었다고 했습니다. ⑤처음에는 사냥으로 배고픔을 해결했고 몇 년 후에는 섬의 기후를 알게 되어 농사도 지었다고 했습니다.
3. 카누가 여섯 척 있어서 꽤 많은 야만인이 섬에 침입했다는 생각에 몹시 두려웠다고 했습니다. 그들은 식인종이었으며 그들만의 의식을 거행하고 있었다고 했습니다. 줄에 묶여 있던 사람(곧 잡아먹힐 사람)이 로빈슨 크루소의 은신처 쪽으로 도망쳤다고 했습니다.
4. 프라이데이는 나무 칼로만 싸워 보았기 때문에 총을 가진 로빈슨 크루소가 무서웠습니다. 그것뿐 아니라 식인종들에게 잡아먹힐 위기에서 자신을 구해주었기 때문에 복종한 것입니다.
5. 선원이자 상인이었던 나(로빈슨 크루소)는 폭풍우에 난파된 배에서 혼자 살아남아 무인도에서 살게 되었습니다. 어느 날 식인종(야만인)들로부터 도망친 남자를 구해주었는데, 그는 나에게 복종하였고, 나는 그를 구해준 금요일을 뜻하는 프라이데이라는 이름을 지어주고 함께 살며 그에게 문명을 가르치게 되었습니다.

21. 폭풍의 언덕

> **정답**
> 1. ① 2. ①ⓒ, ②㉠, ③㉢, ④ⓛ 3. ③ 4. ①악마, ②누더기, ③집시 5. 워더링 하이츠, 힌들리, 캐서린, 히스클리프

해설 1. 누더기: 해지거나 뜯어진 곳에 다른 천을 대어 누덕누덕 기운 헌옷
2. ①락우드 씨는 어른이 된 히스클리프의 집에 세를 들었습니다. ②언쇼 씨는 힌들리와 캐서린의 아버지로 여행길에 히스클리프를 데리고 왔습니다. ③캐서린은 아버지에게 말채찍을, 힌들리는 바이올린을 사다 달라고 했습니다. ④새까만 얼굴을 한 히스클리프는 길에 버려져 있었습니다.
3. ③아버지에게 선물을 못 받게 된 힌들리와 캐서린이 울며 화를 냈고 히스클리프와 함께 잘 수 없다고 말했습니다. 히스클리프를 반겨주지 않았습니다.
4. 언쇼 씨가 히스클리프를 보여주며 악마의 자식처럼 새까만 얼굴을 하고 있다고 했습니다. 그리고 히스클리프가 누더기를 걸쳤다는 이야기, '우리가 알아들을 수 없는 말'(아마도 다른 나라 말)을 중얼거린다는 이야기, 집시의 아이라는 이야기가 나옵니다.
5. 나(락우드)는 히스클리프의 집 '워더링 하이츠'에서 이상한 일을 겪고 옵니다. 그 얘기를 들은 넬리 딘 부인이 워더링 하이츠에 관한 이야기를 시작합니다. 오래전 워더링 하이츠에는 언쇼 씨와 부인, 그들의 자녀 힌들리와 캐서린이 행복하게 살고 있었답니다. 어느 날 언쇼 씨가 길에서 죽어가던 히스클리프를 데려오면서 인물들 사이의 사랑과 갈등이 시작됩니다.

22. 꿀벌 마야의 모험

> **정답**
> 1. ② 2. 넓은, 답답한, 꿀, 구경 3. ① 4. ② 5. 마야, 꿀벌, 쿠르트, 거미줄

해설 1. 첫 문장에 나오는 '바깥나들이'와 ①'여행'은 조금 다릅니다. 바깥나들이는 '가까운 곳에 잠시 다녀오는 것'입니다. 여행은 자기가 사는 곳을 떠나 다른 곳을 두루 돌아다님을 뜻합니다.
2. 첫 번째 대화 글에서 마야는 평생 꿀이나 모아야 하는 꿀벌 도시가 답답해 넓은 세상 곳곳을 구경하겠다고 했습니다.
3. 쿠르트는 자신이 장미풍뎅이라고 했지만 쇠똥구리였고, 마야도 그 사실을 알고 있었습니다.
4. 나비는 발버둥 치는 마야를 도와주지 않고 고통 없이 죽길 바란다며 가던 길로 갑니다. 어려움에 부닥친 이를 그냥 지나치는 것은 친절한 행동이 아닙니다.
5. 마야는 답답한 꿀벌 도시를 나와 넓은 세상을 구경하기로 했습니다. 마야는 쇠똥구리 쿠르트를 만나 그가 몸을 뒤집을 수 있도록 도와주어 목숨을 구했습니다. 얼마 후에는 마야가 거미줄에 걸려 위험에 빠졌을 때 쿠르트가 나타나 구해주었습니다.

23. 모비 딕

> **정답**
> 1. ①ⓒ, ②㉠, ③㉣, ④㉡ 2. ② 3. 산, 하늘, 작살, 다리 4. ① 5. 에이허브, 모비 딕, 보트, 포기

해설 1. 갑판: 배 위의 평평한 바닥 부분, 돛: 바람을 받아 배를 가게 하는 넓은 천, 돛대: 돛을 달려고 세운 기둥, 보트: 작은 배

2. ②는 돛대에서 바다를 지켜보던 선원이 한 말입니다.

3. 모비 딕은 하늘을 뒤흔들 듯 요란한 소리를 냈고, 눈부신 산처럼 크다고 했습니다. 등에 작살을 맞고도 보트들을 공격했지요. 그리고 에이허브 선장이 모비 딕에게 다리를 잃은 게 두 번째라고 했습니다.

4. 마지막 대화 글에서 에이허브 선장은 '절대 포기하지 않겠다, 누구도 내 존재 자체에 손댈 수 없다'고 했습니다.

5. 에이허브 선장이 이끄는 피쿼드호는 모비 딕 사냥에 나섰습니다. 엄청나게 큰 모비 딕은 보트 세 척의 공격을 받고도 끄떡없었습니다. 오히려 모비 딕의 반격에 보트가 모두 부서지고 선원들도 부상을 입었습니다. 에이허브 선장은 또다시 한쪽 다리를 잃었지만 포기하지 않겠다고 했습니다.

24. 피터 팬

> **정답**
> 1. ④ 2. 네버랜드 3. ①×, ②○, ③○, ④× 4. 웃고, 환호성, 대포 5. 피터 팬, 네버랜드, 환호성, 두려움

해설 1. 섬뜩하다: 소름이 끼치도록 무섭고 끔찍한 느낌이 들다. 귀여운 강아지가 자는 걸 보고 무섭고 끔찍한 느낌이 들지는 않겠지요.

2. 피터 팬이 아이들을 이끌고 가는 곳은 어린이들의 모험의 나라 네버랜드라고 했습니다.

3. ①네버랜드는 멀고도 멀어서 한숨도 못 자고 여러 날 동안 날아가야 했다고 했습니다. ④해적들은 아이들이 섬에 내려서는 것을 싫어해 대포까지 쏘았습니다.

4. 아이들은 네버랜드에 도착할 때까지는 무척 즐거워했지만, 자신들을 싫어하는 해적들이 고함을 치면서 대포를 쏘자 두려움을 느꼈습니다.

5. 존과 마이클, 웬디는 피터 팬을 따라 모험의 나라 네버랜드로 날아갔습니다. 너무 즐거워 환호성을 지르던 아이들은 자신들을 싫어하는 해적들이 고함을 치며 대포를 쏘자 두려움을 느꼈습니다.

25. 셜록 홈스의 모험

> **정답**
> 1.①행실, ②값어치, ③담보, ④대출 2.□□에는 주소, ○○에는 도움 3.①2, ②3, ③5, ④1, ⑤4 4.② 5.셜록 홈스, 왕관, 매리, 번웰 경

해설 1.①행실: 행동이나 몸가짐, ②값어치: 일정한 값에 해당하는 쓸모나 가치, ③담보: 빚을 진 사람이 빚을 갚지 않을 때를 대비해 맡아두는 물건, ④대출: 돈이나 물건을 빌려주거나 빌림

2. 홈스는 창밖의 낯선 신사가 집집마다 주소를 확인하는 것을 보았습니다. 그런 방문객들이 홈스를 찾아와 도움을 청한 일이 여러 번 있었음을 추측할 수 있습니다.

3. 홀더 씨에게 일어난 일을 시간 순서대로 간추리면, 부자에게 왕관을 담보로 받고 돈을 대출해 줌- 왕관을 집으로 가져와 숨겨둠- 그 얘기를 식구들(아서, 매리)에게 함- 한밤중에 아서가 왕관을 들고 있는 것을 목격함- 아들이 도둑이라 생각한 홀더 씨가 경찰에 신고해 아들 아서가 감방에 들어감- 셜록 홈스에게 이 사건을 맡김

4. 홈스는 대화 글에서 아서가 매리를 사랑해서 이 모든 사실을 알면서도 침묵했다고 했습니다.

5. 셜록 홈스는 홀더 씨가 고객으로부터 맡아두었던 왕관의 일부를 찾아달라는 사건을 맡았습니다. 홀더 씨의 이야기를 듣고, 사건 현장을 조사하고, 홀더 씨의 조카 매리의 이야기도 들어본 홈스는 사건을 해결했습니다. 진짜 범인은 매리의 남자친구 번웰 경이었고, 홈스는 번웰 경이 팔아버린 왕관 조각을 되찾아와 홀더 씨에게 내놓았습니다.

초등 문해력을 키워주는

고전 독해와 글쓰기 2

ⓒ 정형권·김정원, 2024

초판 1쇄 인쇄 2024년 4월 10일
초판 1쇄 발행 2024년 4월 22일

지은이   정형권·김정원
그림   김민

펴낸이   이성림
펴낸곳   성림북스

책임편집 홍지은
디자인   북디자인 경놈

출판등록 2014년 9월 3일 제25100-2014-000054호
주소   서울시 은평구 연서로3길 12-8, 502
대표전화 02-356-5762 팩스 02-356-5769
이메일   sunglimonebooks@naver.com

ISBN   979-11-93357-27-9 (74800)
            979-11-93357-25-5 (세트)

* 책값은 뒤표지에 있습니다.
* 이 책의 판권은 성림원북스에 있습니다.
* 이 책의 내용 전부 또는 일부를 재사용하려면 성림원북스의 서면 동의를 받아야 합니다.